明日から仕事が
うまくいく24のヒント

マーケティング
プロフェッショナル
の視点

音部大輔

日経BP社

まえがき

マーケティングには仕事としての捉え方と、専門的なキャリアとしての捉え方がある。いずれもその対価として報酬をもらうものであるけれど、前者は会社の人事異動などジョブローテーションの一環でマーケティングを担当している場合を指し、後者は自身のプロフェッショナルとしての軸に据えている状態を指す。もちろん、仕事でありキャリアである場合も多い。幾多のプロフェッショナル領域と同様、マーケティングの習熟には相応の時間を要する。ジョブローテーションであるなら、早急な知識習得が必要だろうし、キャリアであるなら、持続的な成長の礎となる指針があると効率的だ。いずれの場合でも、マーケティングプロフェッショナルの実践的な視点や考え方を備えていることは役に立つだろう。その一助となるべく、本書では自身と自身が関与した組織やメンバーの経験を通して得られた知見や視点の共有を試みる。

マーケティングは、その実行の最終段階ではとても具体的な施策や活動に携わることになる。広告などのコミュニケーションやメディア、施策などのプランニングに関わる人は少なくない。いずれも現場の力量として技術的専門性や実行力が重要である。明確な時間軸のなかでは、考えるよりも手を動かせ、ということもあるかもしれない。

同時に、マーケティングの全体設計やブランドの構築などに従事するためには、極めて概念的な技術も必要になる。市場を創造しブランドの成長を指揮する立場であるなら、何を見るか、どのように考えるか、などのスキルが重要になる。現場の実行の延長とは、違うスキルかもしれない。なぜなら、必要なスキルや姿勢は個々の階層や活動の段階によって異なるものだからだ。有能なプレーヤーが有能な監督やコーチになることもあるが、そうでない場合も少なくない。プレーヤーと監督でスキルが違うのであれば当然のことだ。もちろん、プレーヤーの経験があったほうが効果も効率も高いように思われるが、プレーヤーとしての経験だけでは十分ではないようにも思われる。

マーケティングのプロフェッショナルとして自身を確立するためには、行動と実行に加えて、視点と思考についてのスキルがあると選択の幅を持ちやすい。仕事としてのマーケターであれ、キャリアとしてのマーケターであれ、競合のマーケターとよりよく競争するためにも、消費者や広く人類によりよく奉仕するためにも、多様な視点や発想を有していることが望ましい。

マーケティングプロフェッショナルのモノの見方や考え方を体得するには、自分で相応の時間をかけて経験から学ぶこともできるし、運が良ければそうした人と一緒に働くことを通しても学べるだろう。いずれも、いささかの時間と運を必要とする。そこで本書では、時間と運の必要性を下げるために、実用性が高いものを選んで説明している。国内外のいくつかのマーケティング組織では、共有言語として採用されている考え方でもある。習得することで、マーケティングプロフェッショナルとして活躍するのに役立つだろう。

本書は体系化した概念というよりは、断片的、散発的でありながらも汎用性と有用性の高い考え方に焦点を当てている。緩やかなグループ分けとして4つの章にまとめた。第1章ではマーケティングの本質的な考え方について、第2章では戦略の適用について、第3章ではブランドとブランド組織の構築について、そして第4章ではこれからのマーケティングに必要な事柄について書いている。

風雪を経た実務者であれば必ずしも頭から読む必要はなく、気になる章から読んでいただくのもいいだろう。これから多くの実践と実績を積むのであれば、第1章から順を追って進めることで、相互の関連も理解しやすくなると思われる。実務・実戦で困ったときや、既存の考え方では打破しにくい課題に当たったときなどは、関係しそうな部分を読み直してみるのもいい。新しい気づきへの知覚刺激となるかもしれない。

目次

第2章　戦略の実践

第3章 ブランドマネジメント

第4章　マーケティングのこれから

第1章

市場創造とブランドマネジメント

01
02
03
04
05
06
07
08
09
10
11
12
13
14
15
16

01

あなたのブランドの「競合は何か」

競合先は必ずしも同じ業界の同じ形態のものとは限らない。その競争関係は、ベネフィット、財布、胃袋、時間といった複数の軸で説明が可能だ。自分のブランドが提供するベネフィットがどのような競合と市場を構成していくべきか俯瞰《ふかん》することはブランド戦略を立案する際に最も重要な懸案事項の一つである。

以前どこかで読んだ本にこのテーマが書かれていたのがとても印象的で、多少のアレンジを加えてお話しすることがある。残念ながら、誰のなんという名前の本だったか失念してしまった。米国の経済雑誌のコラムを書籍化したものだったと記憶しているけれど、定かではない。

万年筆の競合は、もちろん、同じ棚に並んでいる別の万年筆だということは誰にでも分かる。もしかしたら、そのさらに向こう側の棚に並んでいる高級ボールペンも競合かもしれない。ここまでは、ほとんどのマーケターにとって自明なことだ。そして、ここでとどまることも少なくない。それだけですか?と聞かれると、少し前に進む。紙に書く機能という意味では、100円のボールペンも、ひょっとすると鉛筆も競合と呼べるかもしれない。

文字を記す、というふうに解釈するとコンピューターやタブレットのワードプロセッサーなども競合となってくる。電子的に書かれる文字は手書きの文字よりも多そうだ。では、文字は自分自身のために記すものか、それとも他者とのコミュニケーションに使うものか。多くの文字は、他者とのコミュニケーションに使用される。であれば、他のコミュニケーション手段も競合となり得る。例えば電話だ。

ネクタイは万年筆の競合になる

さらに視点を変えてみよう。実際の売り上げを見ると、万年筆の多くは購入者と使用者が一致しないらしい。購入の目的は自分で使うためというよりも、ギフトであるからだ。多くの万年筆が、立派なケースに入れて売られているのはこれが理由なのかもしれない。

この事実が分かると、競合は大きく見え方が変わってくる。ネクタイや、ちょっといいお酒などがギフト市場にいることを考えると、これらは十分に競合である。こういった競合の捉え方はマーケティングのコミュニケーションに大きく影響を与える。「この万年筆はあの万年筆よりも書き味がいい」というメッセージは、あの万年筆を競合とした場合には有効であっても、それ以外の競合先にはあまり効果的ではない。１００円のボールペンが競合であるなら、「万年筆を使っていると使い捨てのボールペンよりもあなたは洗練されて見える」というメッセージになるだろう。メールや電話が競合なら、「大事なことは手書きで伝えよう」というメッセージになるかもしれない。現実的な競合がギフトであるなら、「お父さんが次の父の日で欲しがっているのはネクタイではなくて万年筆ですよ」ということになる。もちろん、あの万年筆よりも書き味がいい、というメッセージも万年筆という限定的な市場でシェアを削るのに役立つかもしれないが、これではもっと大きな市場を取り損ねている。

これらの多様な競合関係は、当該ブランドの製品やサービスとしての機能を見るよりも、ベネフィット（＝便益、つまり顧客が得られる価値）を見極めることでよりよく認識できる。

課題側から見るか、解決側から見るかの違いはありつつ、クレイトン・クリステンセン氏らによる書籍『ジョブ理論』で示されている「Jobs-to-be-done」（片付けるべき用事）は、よく似た概念だ。いずれにしても、より広範な市場設定を可能にする。市場とはすなわち、どのブランドや製品カテゴリーと競合しているか、という概念だ。市場にプレーヤーがいるというよりも、プレーヤーたちが競合する場所が市場だと考えたほうが現実的であることが多く、多様な競合を捉えるために汎用性が高い。

有限な財布、胃袋、時間を奪い合う

ベネフィット競合はブランドの本質的な提供物であるベネフィット上、あるいはベネフィットが解決するジョブに基づく競合である。いわば、消費者の「（達成すべき）目的」に立脚した競合関係を示している。対して、消費者が目的達成のために投下できる「（限定的な）資源」に基づいた競合関係となるのが財布、胃袋、時間だ。

今年はいいカバンを買ったので、靴は来年まで我慢しよう、旅行に行きたいので、今月は節約生活、といった消費行動は日常的に発生する。可処分所得は消費に連動して上がるものではない。可処分所得が消費の限界を決めている。異業種間の競合は避けられない。

こうした財布競合は、ベネフィット競合と同時に発生することも少なくない。ある地域の高級化粧品は、1泊2日のテーマパークのパックツアーと競合していることがある。共に、自分へのご褒美というベネフィットでもある。友達や家族と楽しい週末を過ごすか、至福のスキンケア体験を3カ月楽しむか。広い視野を持たないと見えにくい競合環境だと言えるだろう。

また、夕方におやつを食べたので夕食は少しでいい、今日は朝ごはんにフルーツが多めだったのでヨーグルトはなしでいい、ということも起きる。食べたくてもお腹いっぱいでは食べられない。食べ物や飲み物は、全く違う形態やベネフィットの製品やサービスでも「胃袋」が資源的な制約となっているので、思わぬ競合相手と市場を構成していることがある点は特に注意が必要だ。

よほど消費が一瞬で終わるものでない限り、消費にかかる時間は何かと競合し

◉視点を変えれば競合も変わる

競合関係の視点	具体例
商品の機能	万年筆は「文字を記す」もの。 競合は万年筆、高級ボールペン
顧客の目的	万年筆は父の日の「贈り物」。 競合はネクタイやいいお酒
顧客の資源	今年はいい手帳を買った。 「お金」が足りないので万年筆は我慢しよう

ている。テレビを見ながらゲームくらいまではできても、本を読みながらゲームをするのはとても難しい。電車の時間などのちょっとした隙間時間は、ゲームをする、本を読む、メールやメッセージ、ニュースを読む、写真を眺める、うたた寝する、SNSに書き込んだりチェックしたりする。これらは電車内の時間競合だし、週末や休暇のお出掛け先も競合する。

テレビ放送が始まった頃、動画を楽しむという同様の「機能」を持つ映画産業は脅威を感じたという。でも、映画の実際の競合先は球場に野球を見に行くことだった。「時間」あるいは「お出掛け先」競合だ。テレビは映画の市場に影響を与えなかった。

誰もが自分のブランドが帰属する製品カテゴリーの、同価格帯の製品やサービスを注視しがちだ。もちろん、これらの競合の動向は注視しておいたほうがいい。ただ、そうした競合先だけを見ていると、本質的な競合関係や市場を見逃すことがあるので注意が必要だ。

02 あなたの参入している市場で、「いい○○（製品カテゴリー名）とは何か」

市場創造は、マーケティングの最も重要な役割である。テクノロジーだけでは市場創造は完結できない。市場創造の要諦は、製品属性の順位を転換することで「いい○○」の定義を変えることにある。

新市場の創造は成長の手段でありつつ、ロマンと冒険を感じさせる。既存市場でシェアを削り取るよりも高い成長率。激しい競争にさらされないことによる高い利益率。大きく広がる市場成長の可能性。そのために「革新的な新技術が必要だ」そして「世間が驚くような新商品を産み出そう」と考える。

多くの市場創造が新技術や新商品などのテクノロジーによるイノベーションによってもたらされたが、テクノロジーだけでは市場を創造しきれないことも多い。

画期的な製品を作ったのに意外と売れない、という失敗を多くの企業が経験している。市場創造を効果的に進めるためにはマーケティングの要素が不可欠だ。では、マーケティングは市場創造にどのように貢献するのだろうか。新技術への認知を確立するだけではない、もっと重要な役割を担っている。

競合はいない、という幻想

「革新的なイノベーションで市場を創造するので、競合はいない」という考え方がある。社内外の士気や期待を高めるためには重要なレトリックだが、現実的には競合は存在する。

よほど革新的な市場が創造されても、それだけで消費者の総消費額が増えるわけではない。極めて単純なことであるけれど、総消費額が増えるには収入が増えるか貯金を取り崩す必要がある。新商品を購入するときには、明確に意識していなかったとしても、何かと入れ替わっているものだ。貯金を減らすほど強力な誘引を期待するのは、不可能ではないにしてもあまり現実的ではない。

携帯電話が高校生に普及し始めた頃、カラオケボックス業が縮小するという現

◉ソース・オブ・ビジネスとは潜在的な競争相手

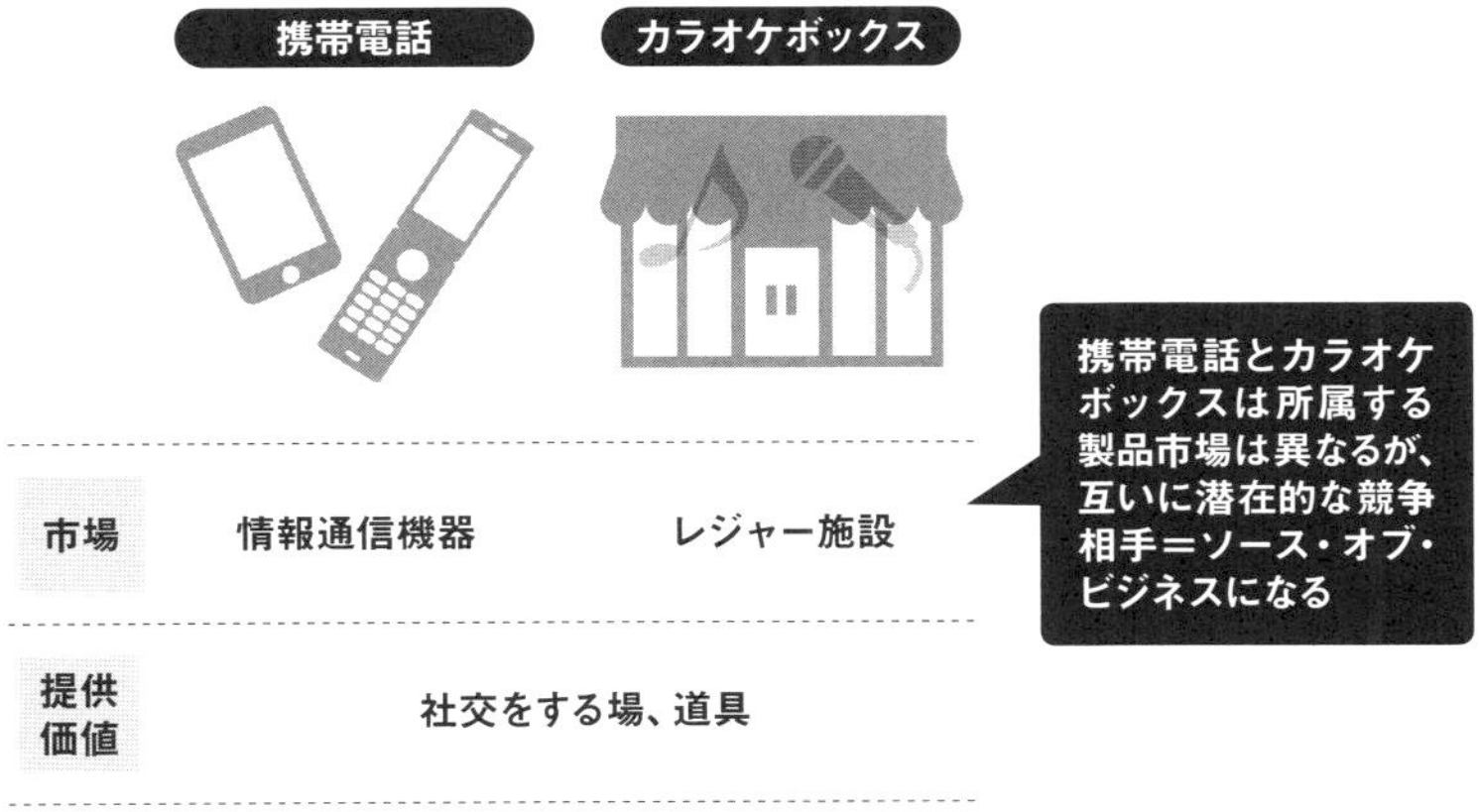

象が起きた。あまり明確に認識しにくいことだが、カラオケは歌を歌いに行く場というより、歌うことを通して社交をする場となることが多い。よりよい社交体験を提供する携帯電話の登場によって、社交の場を提供していたカラオケボックスは顧客の一部を失った。

新市場を創造するから競合はいない、と考えるとこのような競争関係を見誤ってしまう。こうした潜在的な競争相手を「ソース・オブ・ビジネス（Source of business）」と呼ぶが、不明確なままでは効果的な競合対策を立案しにくい。反対に、もし分かっていれば効率的に対応策を用意できるだろう。

「いい〇〇」の定義を創造する

製品であれサービスであれ、複数の要素の組み合わせが市場を定義付けている。市場の定義とはすなわち「いい〇〇」の定義だ。「〇〇」には製品カテゴリーの名前が入る。例えば、「いいクルマ」だ。

人は常に自分が欲しいものを具体的に理解できているわけではない。クルマほど高額の商品であっても、欲しいものを具体的に明言できないことは珍しくない。

「家族でドライブに行ったり買い物に行ったりするクルマが欲しい」ところまでは分かるが、そのために「どのような性能や特徴が必要なのか」は分かっていないことが多いのだ。

企業はドライブに必要な「いいクルマ」の特徴を提案する。それらの特徴は「製品属性」とか、単に「属性」と呼ばれる。そして、これらの「いいクルマ」を規定する属性は変化する。時代の要請に応じて自発的に変化することもあれば、企業の提案によって変化していくこともある。消費者は製品開発をしないので、多くは企業からの提案であるだろう。新技術の開発を経てようやく提案可能になる変化もあるし、既存技術の組み合わせで提案できるようになるものもある。

クルマの話で続けると、１９８０年代にはラグジュアリークーペが流行した。2枚ドアで、スタイルも良く馬力があって走行性能もいい。当時は燃費や積載性はあまり重視されていなかったかもしれない。続く90年代も大きめのエンジンを積んでいたが、４枚ドアのセダンで乗り心地のいい車体のクルマをよく目にした。ステイタス感のあるクルマが多かった。２０００年代に入るとワンボックスが出てきた。子供たちが描くクルマの絵が、凸から□に変化したのはこの頃だ。家族で楽しめる居住性や便利な装備などが語られ出した。２０１０年代にはハイブリッドを含む電気自動車や軽自動車が隆盛する。環境や家計への負荷が重要な属性となってきた。もはや、エンジンの出力や走行性能が訴求されることはほとんどない。属性の重要度が変化し、市場が再創造されるたびに売れる車種が変化していった。

「属性順位の転換」が起きる

クルマのように比較的関与度が高い耐久財カテゴリーだけではなく、洗剤のような低関与の日用品でも同様のことが起きている。あなたは「いい洗剤」とはどんなものだと思うだろうか。

消費者は「きれいに洗い上がる洗剤」を求めているが、具体的に重視する属性は変化する。１９８０年代には「スプーン一杯で驚きの白さ」が市場を席巻した。「小型で白く洗い上がる」ことが重要な属性だった。その属性順位に従って「より小型、より白く」を追求したブランドもあったが、首位を奪うことはなかった。90年代に「除菌」という新しい属性が導入され、その重要度が上がることで市場が再創

◉「いい洗剤」の定義の変化が洗剤ブランドのシェアの変化に影響する

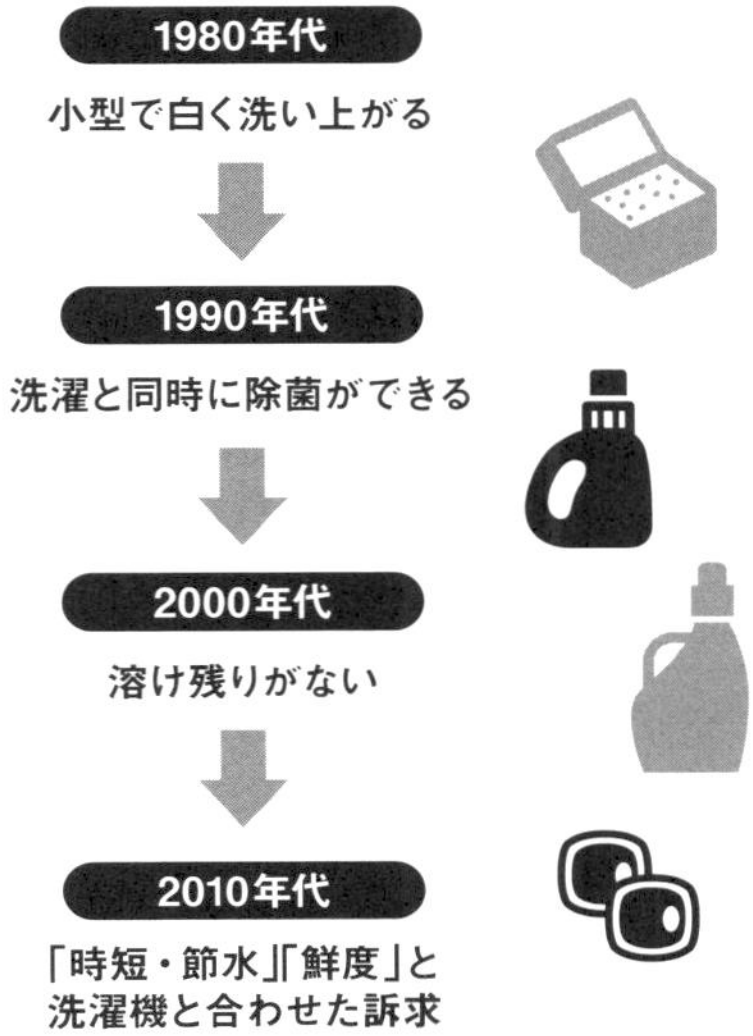

造された。ブランド間のシェアは大きく動いた。2000年代に液体洗剤が隆盛した。「溶け残りがない」という属性が重要になり、消費者の洗濯習慣も変化した。2010年代に入り、「いい洗剤」ではなく「いい洗濯」が再定義された。「時短・節水」という洗剤だけでは達成できない属性が洗濯機の進歩と同時に訴求され始めた。最近では「鮮度」という属性が出てきている。

観察してきたように、市場を定義する属性の重要度や順位は変化し、その変化が市場の再創造をもたらしている。それにつれてブランドのシェアや順位も変化する。こうして市場を創造、あるいは再創造する考え方を「属性の順位転換」と呼ぶ。

ブランドのシェアが変わるときとは

市場の定義が変わるにつれて、ブランドのシェアや順位も変化する。むしろ、シェアが大きく変化するときは市場が再創造されていることが多い。最重要の属性は「いい○○」に決定的な影響を与えているはずだから、その属性で競合に打ち勝とうと考えるマーケターはとても多い。論理的な結論に聞こえるので説明しやすいが、この方法ではシェアが伸びないことも多い。製品では勝っているのにシェアで負けている、というのは、実はあまり珍しいことではない。

自分が購入した製品やサービスについて顧みたとき、以前に使っていたブランドと現在使っているブランドで同じ評価基準を適用しているものはどれくらいあるだろうか。ブランドを変えたときに、評価基準が変わっていないだろうか。

米国の大統領選挙からも同様の原則が感じられる。前回と今回では、米国国民にとっての「いい大統領」の定義が変わっていることがあるのではなかろうか。これからの大統領に必要とされることが、「いい大統領」を定義付ける属性として認識され、次の大統領を決める。多くの場合、前回の選挙と同じ属性で選ばれることは少ない。

2位が1位になるときは、最上位の属性で1位ブランドをしのぐときではない。むしろ、かつては最上位ではない属性の順位が最上位になるとき、その属性を有するブランドが1位になる。つまり、「いい○○」の定義が変化したときに、ブランドのシェアが大きく変わる。

では、この属性の順位は購買を決定付けてはいないのだろうか。測定期間の差などで例外もあるが、「現時点」で最重要の属性はそのカテゴリーの1位ブランドが消費者の認識上、占有している。ちゃんと測定すれば、2位や3位のブランドのほうが優れた製品性能を持っているかもしれないが、そうは認識されない。

市場のルールを変える

これはChange the rule of the game、つまり競争のルールを変えろ、という旧知の概念と同じではないか、という指摘がある。全くその通りだ。「属性の順位転換」は、競争のルールの変え方を示している。何をどうすれば競争のルールが変わるのか、仕組みが理解できれば活動を計画することもできるだろう。

方法の一つは、消費者に認識されている課題や、その解決方法を変えることだ。「いい大統領」を決める属性の順位が国民それぞれの課題の認識や解決方法の理解によって形成されるように、当該カテゴリーで自ブランドが解決できる課題の新しい捉え方や解決方法を提案することで、属性の順位は変化させられる。

03

「マーケティングとは何か」、そして「ブランドとは何か」

「マーケティングもブランディングも同じ、売れる仕組みを作ることだ」と説かれることがある。マーケティングやブランディングといった活動の一側面を記述しているが、潤沢な経験や天賦の洞察を持っていない場合、これだけではマーケティングやブランディングを十分に理解するヒントになりにくい。カタカナのまま導入して翻訳してこなかったことも理解の妨げになっているかもしれない。世の中にはマーケティングやブランディングについて、さまざまな定義や解釈がある。どれが正しくてどれが間違いということよりも、どのように捉えると理解・体得しやすいか、つまり使いやすいか、が重要だろう。

マーケティングとブランディングは同じ分野の似た印象を持つ言葉であるけれど、共通する部分とそうでない部分がある。

共に「消費者の認識に作用して、購入などの消費者行動に必然性を提供する企業活動である」という点は共通だ。同時に、それぞれ固有に課せられた役割に違いがある。マーケティングは「属性の順位を転換して市場を創造する」ことを目指す。結果的に、ニーズを作り出すことにつながる。対してブランディングは「ブランドの意味の確立」を目指す。こちらは、ベネフィットを作り出すことにつながる。両方がうまく機能することで、消費者の満足に基づいた持続的な売り上げと利益の成長を期待しやすくなる。

美容クリームの色もメッセージ媒体

あのブランドのことを知っている、そのブランドを欲しいと思う、このブランドはこういうことをしてくれると分かっている。このような消費者による理解を認識とか知覚と呼ぶ。

認識や知覚をパーセプション（perception）と呼ぶことも多い。「認識に作用する」というのは、このような消費者の自発的な興味や理解を促すことだ。そして、ブランドを探したり、買ったり、満足を感じて再購入したりといった行

◉さまざまなメッセージ媒体を通じて認識に作用する

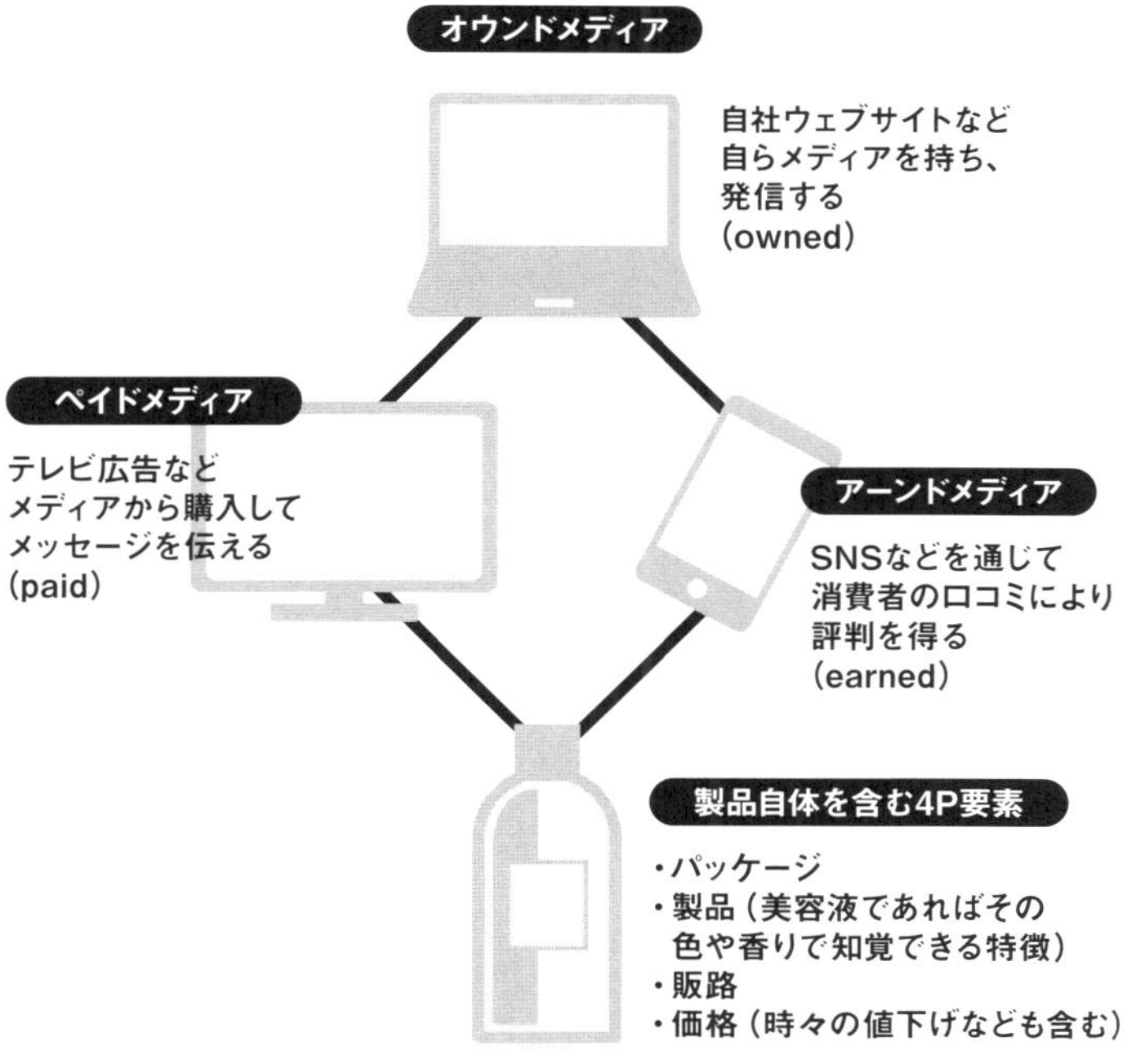

動に移してもらうことを期待する。その手段として、テレビ広告などのペイド（paid）、SNS投稿などのアーンド（earned）、自社ウェブサイトなどのオウンド（owned）といったコミュニケーションメディアに加え、パッケージや製品そのものといった消費者接点もメッセージ媒体として機能する。

例えば美容クリームの蓋を開けたとき、クリームの色が平坦な白ではなく濃い乳白色であったら「有効な成分がたくさん入っていそうだ」という意味が受容されそうだ。特徴が知覚され（例：クリームが濃い乳白色）、意味として受容される（例：有効成分がたくさん入っている）のであれば、製品の特徴（例：クリームの色）はメッセージ媒体になる。

特徴の知覚は視覚に限ったものではなく、人間の五感すべてを含むだろう。自動車のドアを閉める音、万年筆のキャップを閉めるときの感触、洗剤の匂い、パッケージの手触り、店頭に示された価格などもそうだ。知覚され、意味を構成することで認識の変化を促す。

そして、認識に影響を与えるべく一連の活動で多様なメッセージを効果的に組み合わせることが、マーケティングとブランディングの両方を立案・実行する際にとても重要な関心事となる。うまくできれば、消費者は新しいニーズを認知し、理解し、新しいブランドを覚えてくれる。

マーケティングの仕事は建築家と同じ

マーケティングもブランディングも、全体像を考えるのは、建築家が完成した建築物を想像しながら設計図を描くのに近いと考えられる。店頭施策を考えたり、パッケージをデザインしたり、ウェブ広告を作ったりするのはマーケティングやブランディングの重要な一部であるけれど、マーケティングやブランディングの全体ではない。内装を作ったり、配管を施工したり、窓の形を選んだりするのは建築の一部であるけれど、建築の全体ではないのと同じだ。

建築家が完成した建築物を思い描くように、マーケティング担当者は創造された市場を、ブランディング担当者は構築されたブランドを思い描く。建築家が立地を知るように、マーケティング担当者は市場の構造や仕組みを、ブランディング担当者はブランドに固有の接点づくりを知らねばならない。建築家が工法や特徴を知るように、マーケティング担当者やブランディング担当者は消費者の認識に作用する多様な方法を知っているといい。そして、建築家が依頼主の生活を理解するように、マーケティング担当者やブランディング担当者は消費者の生活を熟知しなくてはならない。考え方の整理のために「マーケティング担当者」、「ブランディング担当者」と分けて表記したが、実際には同一人物であることがほとんどだ。

優れたマーケティングやブランディングは、優れた建築と同じように「人間」を起点にしている。我々は、消費者である前に人間だ。

マーケティングとは市場創造

マーケティングの最も重要な役割は属性の順位を転換して「いい〇〇」を定義することである。そして、「いい〇〇」の新しい定義が市場を創造していく。あるいは既存の市場のルールを変えて、市場を再創造する。

前述した認識管理の考え方は、属性の順位を変え、市場を創造・再創造するのに必要となるだろう。市場で属性の順位が転換していったとき、「消費者の嗜好が変化した」と説明するのは簡単だが、十分ではないかもしれない。「消費者の嗜好

●マーケティングとは？ ブランドとは？

マーケティング

とは

市場創造

最も重要な役割は属性の順位を転換して
「いい○○」を定義すること。

ブランド

とは

意味

ブランドとは意味であり、ブランディングは意味づくり。
その過程で重要なのはパーセプション、つまり認識や知覚。
市場創造もブランディングも認識管理が必要。

が変化しているから、消費者の変化を追いかける」のと「属性の順位が転換しているから、新しい価値（属性）を提案して変化をリードする」のでは、シェアに大きな差が出てくるだろう。前者が後者に対抗するのは簡単ではない。

ブランドとは意味

ブランディングとは認識管理の諸活動を通してブランドを確立、維持、発展させることである。うまく実行するためにも、そもそもブランドとは何か、理解しておくことは助けになるだろう。ブランドの定義には諸説あるし、それぞれに根拠もあるが、実務においては「ブランドとは意味である」と理解しておけば困ることはない。

効果的に「意味」を確立するためには何を考える必要があるのか。そして、ブランドがあるとなぜ利益が出るのか。次節で説明しよう。

ウソによる認識づくりは持続しない

最後に、「認識がかくも重要なのであれば、多少ウソをついても信じこませてしまえばいいのではないか」という考え方について、言及しておく。言うまでもなく、そもそも道義的にも倫理的にも、絶対にすべきではない。加えて、これは利益の最大化にも反する。ウソはバレるものだ。そうして上げた利益や築いたブランドは、簡単に吹き飛んでしまう。ブランドマネジメントは持続的な利益の最大化を目指す。冷静に考えれば、ウソは持続的な利益の最大化にも反し、理にかなわないことが分かるだろう。マーケティングもブランドも消費者と市場に対して、常に誠実でなくてはならない。

04 ブランドを持つことの意義は何か

ブランドが単なる製品の名前と違うのは、ブランドにまつわる体験や連想に基づいて特定の「意味」が付与されていることだ。ブランドとは「意味」である。場合によっては、ブランド担当者が予期せぬ意味を持つこともある。高級車が成功者ではなく成金を意味することがある。手ごろな価格のファストファッションが、洗練されたファッションセンスを意味することもある。

カウンターポジショニングには注意

ブランドは消費者と共に創造するものだという信念を持つ企業もあるが、とても正しい認識だと言えるだろう。マーケターが主体的に働きかけつつも、さまざまな外的・内的要因から予期せぬ連想や意味を確立してしまうことはある。同時に、競合の諸活動によって自分のブランドが相対的に意味付けを変えられてしまうこともあり得る。カウンターポジショニングとも呼ばれる競争的なマーケティング技術はそれだ。仕掛けられたときの立ち回りには注意を要する。

「母親の代から使っているから安心」というブランドが「時代遅れ」に見えたり、「効き目が穏やかで優しい薬」が「効き目が悪い薬」と認識されたり、「素晴らしい走行性能のクルマ」が「環境に悪くて前時代的」に見えたりすることがある。何事もいい言い方とそうでもない言い方ができるものだ。良しあしは表裏一体である。どちらの面が見えているか、というのはポジショニングを考える際には重要な視点であるだろう。

競合の活動によって、これらの変化が起こることがある。自ブランドが「母親の代から使っていて安心」のはずだったのに、競合ブランドが「新しい世代の革新」をうたうことで、「前世代のもの」へと追いやられたりすることがある。

それほど古くない、と主張したところで、大した効果がないことも多い。今ある連想を強化することは資源の有効な利用につながる。むしろ、なぜ母親の代から使っているものを使い続ける必要があるのか、どうしたら母親の代から使っていることが重要になり得るか、を考えるべきだ。それほど古くない、と言った時点で、競合の土俵に乗ることになる。多分、これでは勝てない。

ブランド=利益を構造的に説明する

一般的な話であるけれど、ブランドマネジメント制を採る企業の利益率は高いといわれる。新しい技術や製品が導入されるたびに名前を変えていると、ブランドにはなりにくい。つまり、名前は意味を確立しにくい。体験的・直感的に分かる気もするけれど、なぜそうなるのか、説明をしてみよう。

製品と商品という似た言葉がある。製品はモノそのもの、工場で作られた段階のものをいう。対して商品は、ブランドが付与されて消費者が購入するもの、と解釈できる。式で書くと次のようになる。

商品＝製品＋ブランド

消費者が商品を購入する際に支払う金額を価格という。対して、工場から出てきたモノの価格を原価という。正確にはここに物流費や倉庫代なども加えて原価とするが、ここでは説明のために、簡単に定義してみる。価格と原価の差が、ざっくりと利益（粗利）である。式にすると、次のようになる。

価格＝原価＋利益

2つの式が似ていることにお気づきだろう。消費者が購入するモノが商品でその値段が価格、工場から出てきたモノが製品でその値段が原価。であれば、ブランド＝利益ということになる。ブランドの意味がより多くの人に、より一貫して認識されることでブランドの力が強くなれば、より大きな利益とバランスすることができるようになる。なぜブランドが強化されると利益が改善されるか、を概念的に説明している。

マーケティング費用を投資に変える

ブランドが利益につながることの、構造上の理解ができたので、ブランド構築に伴って利益が増加する方法も理解してみよう。ブランドを効果的に確立する、つまり特定の意味を一貫性を持って認識してもらうためには繰り返し同じメッセージを発していく必要がある。なんとなく同意できることかもしれないが、ちゃんと説明できるよう理解を進めたい。正しいことを効果的に実行するためには、頭でちゃんと分かっていたほうがいい。

多くのブランドマネジメントでは売り上げの5~15%程度をマーケティングに使う。そして、同程度の利益率を達成していることが多い。もちろん、ブランドやカテゴリーに差はある。差はあれど、マーケティング予算が利益率に対して十分な大きさを持っていると、マーケティング予算の使い方が利益率に大きな影響を与えることになる。

それはマーケティングＲＯＩを意識する動機にもなる。利益に対するマーケティング予算の割合が小さ過ぎると、収益を上げるためにマーケティング予算以外にも考えることが多く出てくることになる。また、店舗をブランドのメッセージを伝えるメディアだと考えると、会計上の処理はともかく、現実的には店舗の運営費用をマーケティング予算の一部と考えてトータルでＲＯＩを考慮すべきケースもある。

こうしたマーケティング予算をマーケティング「費用」と呼ぶ会社と、マーケティング「投資」と考える会社がある。費用と投資の違いがどこにあるのか理解できれば、マーケティング予算は費用ではなく投資として運用できる。費用は資金の一過性の消費であるのに対し、投資は将来のリターンを期待して資金を投下する。どうすれば費用を投資化することができるだろう。

ブランドマネジメントにおいては、消費者の記憶を使うことでマーケティング費用だったものがマーケティング投資になる。

一貫したメッセージで記憶に残す

説明を分かりやすくするために、マーケティング予算を毎年10億円持っている状況を想像してみよう。1億円でも3億円でも、考え方は変わらない。ブランドの意味を確立するために、ブランドマネジメントでは一貫したメッセージを発していく。すると消費者はブランドのメッセージを、ひいては意味を理解して記憶する。

去年使った10億円のうちのいくらかは消費者は覚えていて、一昨年使った10億円の一部も記憶に残っているかもしれない。仮に去年の10億円の70％、一昨年の10億円の30％が記憶に残っているとすると、今年の10億円を使う前に市場には

◉マーケティングが投資となっていて、効果が蓄積する

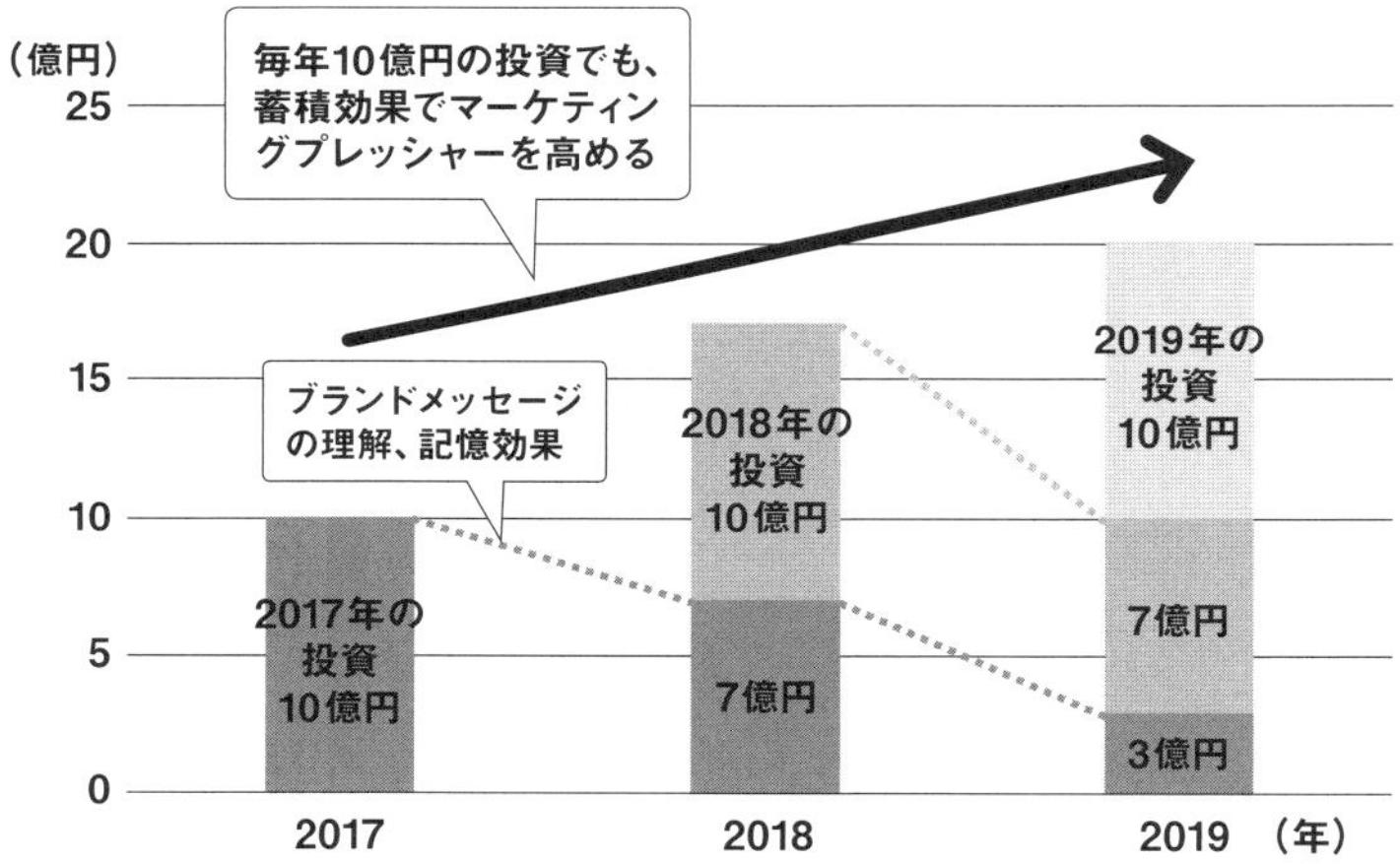

◉マーケティングが費用となっていて、効果が蓄積しない

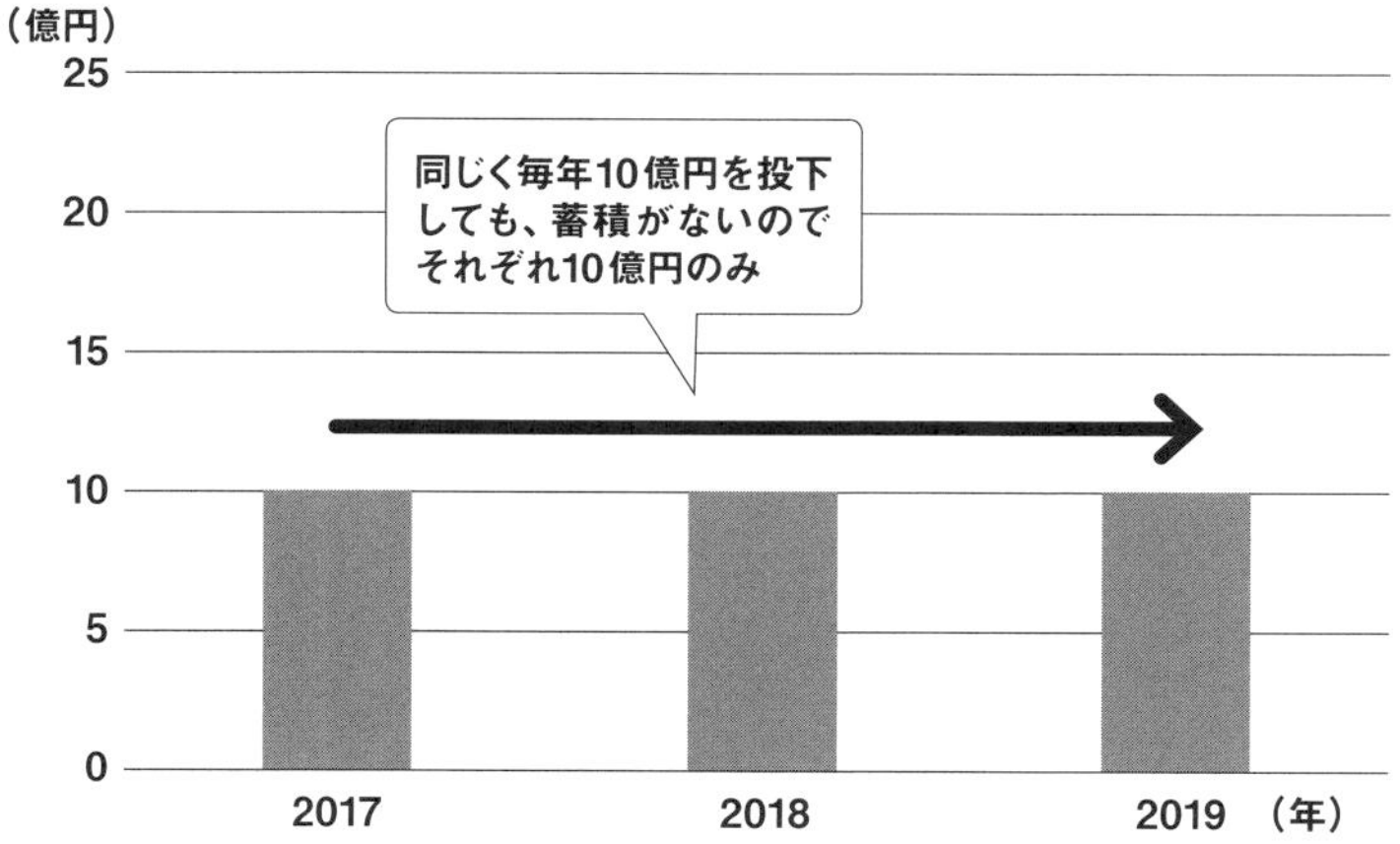

7億円＋3億円で10億円相当の〝圧力（プレッシャー）〟が存在することを期待できる。ここに今年使う予定の10億円が追加されるのである。

一貫したメッセージを発していくことで、マーケティング予算は蓄積の効果を発揮する

たとえ今年は10億円の予算であったとしても、実質的には20億円相当のマーケティングプレッシャーを市場に与えることが可能だ。カテゴリーやブランドによっては、もっと長い蓄積が可能かもしれない。この仕組みが理解できていれば、マーケティング戦略の立案や実行計画においても、長期的に記憶に残る方法を選ぶことが可能になる。蓄積の効率を上げていくことも可能になるだろう。

もし、新しい技術や製品が開発されるたびに新しい名前を与えていてはこうはいかない。そのたびにマーケティング予算は費用として消費されてしまう。また、「ブランド名はよく知られているから名前は変えずにいこう」という方針であると、過去のマーケティングプランで醸成された意味と一貫性を欠くことになりかねない。つまり、消費者の記憶にある蓄積は今年のメッセージを邪魔することになってしまう。せっかく今年10億円投下するのに、去年までの蓄積の10億円と相

殺して効果を発揮しにくくなる。

毎年違うベネフィットを訴求していては、ブランドの意味が分散してしまう。頻繁にベネフィットを変えるのはなんとなくよくないこと、という認識はあるかもしれない。マーケティング予算の投下効率が下がるからそう感じられるのだ。市場に、つまり消費者の記憶に蓄積されたメッセージを使えなくては効率が悪い。

「時代や消費者の変化に合わせてブランドも変化しなくてはならない」というのはよく聞くフレーズでもあるけれど、ブランドの根幹の「意味」、ブランドが根本的に発しているメッセージを頻繁に変えていいということではない。ブランドが立脚する「意味」の一貫性を保ちつつ、伝達方法や表現などの「手段」を時代の変化に合わせていくべきである。名前以外は全部変える、などといったアプローチは決意が感じられて好印象なこともあるが、ブランドの意味管理の観点から言えばあまり効果的ではないだろう。

ブランドの大義の重要性

ここまで、いかにブランドで利益を出すか、という話をしてきた。では、利益さえ出ていればいいのか、というとそういうことではない。企業であれブランドであれ、長く市場に存在してこられたのは社会から必要とされてきたからだ。ほとんどの場合は、利益を出してきたから、というだけではない。社会の中での存在意義、それがブランドの大義として認識されるべきだと考える。

社会への貢献をどのように実現していくのか、ブランドのビジョンやミッションに示しておくべきだろう。人がパンのみに生きるのではないのと似ている。ただ、人がパンなしでは生きられないように、ブランドも存続の手段として利益を必要とする。

05

あなたのブランドの「競合先、ターゲット消費者、そしてベネフィットは何か」

ブランドが「意味」であるとき、その意味管理、意味づくりの活動全般をブランディングと呼ぶ。ブランドを確立して、自転車操業的な施策の連発に頼ることなく持続的な成長を志向するのがブランドマネジメントが目指すものである。これはユーザーベースを確立することを通して実現されるが、4P（Product, Place, Price, Promotion）はそのための手段として運用する。作ったモノに名前を付けるのではなく、ブランドの意味を具現化するモノを作るのがブランドマネジメントの方法である。

いろいろな製品カテゴリー、文化背景の企業でブランドマネジメントに関わってきたが、どのブランドマネジメント組織でもかなりよく似た仕組みでブランドマネジメントを行っている。ブランドを明示する定義書があり、ブランドを構築する際の設計図として使われる。

どこかに共通の始祖があるのか、同じ必要性に基づいて進化を遂げたから似たものになったのか分からないが、ブランドマネジメントの専門家が組織を移籍しても比較的順応しやすい環境が世界規模で整っている。クルマのメーカーを変えても運転操作が大きく変わらないことに似ている。本節では各社に共通する要素を概観しつつ、ブランドマネジメントの要諦を示したい。共通して定められるのは「市場」「ターゲット」「ベネフィット」の3項目である。

市場とは、すなわち競合である

どの市場でブランドを構築するかというのは、ブランドそのものの議論ではないが、ブランディングにとても大きな影響を及ぼす。市場を定義する際には、既存の製品カテゴリーのみを注視することが多いが、どの製品やブランドがソース・オブ・ビジネス（Source of business、売り上げ獲得の源泉）となり得るのかを考えることで、より広い視野を持つことができる。

第1節で議論したように、ブランドは特定の製品カテゴリー内でのみ競争しているのではない。万年筆がギフトであると考えればネクタイと競合していたり、携帯電話を社交の道具と考えればカラオケボックスと競合していたりする。市場の中で競合がいるというより、競合と競い合う場を市場と呼ぶのが現実的だ。競合との相互作用のなかで市場が出来上がり、その市場自体も近隣の市場と競合している。

例えばボクシング競技では、すべての選手はサイズなどが定められた同じリングに上がる。しかしブランドはすでにある市場に参入する必要はない。競合を発生させる場所を市場と定めるほうが現実的だし競争上の意義も深い。原付バイクは近隣市場である電動自転車と競合しているかもしれない。免許制度や販売チャネルに違いがあっても、ベネフィットや使用状況が似ていれば市場間の競合が発生すると考えるのは自然なことだ。

ターゲットとは、誰に奉仕するか

ターゲット消費者を考えるに当たっては、「今、使ってくれている」ユーザー以上に、ブランドが働きかける対象、つまり「マーケティング予算を投資する対象」としての消費者が重要だ。ブランドが確立したい意味やベネフィットに共感してくれると思われる、マーケティング活動の投資対象とすべき消費者層がブランドのターゲット消費者である。

一般的には、現在のユーザーと一致しているはずだが、以前のターゲット消費者ですでにターゲットではないユーザーがたくさん残っていたり、訴求したいベネフィットとは別の属性に引かれたユーザーがたくさんいたりすると、悩ましい問題となる。歴史の長いブランドでは散見される課題だが、マーケティング「投資」の対象としては、あくまでターゲット消費者に注目すべきである。ターゲット消費者以外で愛用してくれているユーザーは投資対象ではないが、相当の割合を占めているのであれば、継続的に使用してもらうために費用を投下すべき対象であるだろう。投資であれ費用であれ、マーケティングＲＯＩを測定することが望ましいが、要求水準は異なる可能性がある。

また、ターゲット消費者のうちでもすでにユーザーである既存の愛用者もいれば、新規に魅了すべき消費者もいる。既存ユーザーの維持に軸足を置く場合をリピート重視と呼び、新規ユーザーの獲得に焦点を当てる場合をトライアル重視と呼んだりする。それぞれのブランドの状況に応じて一概にどちらを優先すべきとは言い切れないが、既存ユーザーの行動を子細に理解しておくことは、新規ユーザーの獲得においても極めて重要な示唆をもたらすことが多い。既存ユーザーの延長線上に新規獲得ユーザーを見通すのが効果的であるし、効率も良いだろう。

ターゲット消費者に関連する議論では、ペルソナについて質問を受けることが多い。「マスを対象としているときに、たった一人のユーザー像に執着しても大丈夫なものだろうか。市場にはいろいろな人がいる」。このような場合でも、一人に絞ってしまって問題はない。ペルソナはブランドのコミュニケーションに一貫性を保ち、ブランドが語るベネフィットに共感しやすいストーリーを与えるのに役立つ。ブランドの諸施策の整合を保つのに使うものだ。

ルイス・キャロルという作家が友人の娘アリス・リデルちゃんに語ったお話が『不思議の国のアリス』の原案となり、世代も国境も超えた名作となった。ペルソナというのは、『不思議の国のアリス』の最初の読者となったアリスちゃんのことだ。一人の少女に向けたお話であるけれど、世界中で愛されるお話となった。相手が一人であるほうが、ストーリーは語りやすいだろう。4Pにも一貫性が出る。

つまり、マーケティングに投下できる資源の相乗効果を期待しやすくなる。一人の消費者の心を揺さぶることができるブランドは、きっと多くの消費者の心も捉えるだろう。『不思議の国のアリス』のように、こうした経緯で魂を吹き込まれたブランドは少なくない。

ベネフィットとは、何を期待してもらうか

ある程度は競合に模倣されることがイノベーションや市場創造を助けるが、技術的に追随可能なものはうまくブランド化しないとコモディティー化することがある。これを防ぐためには、なるべく強固なユーザーベースを構築したい。そのためには高い満足度を実現したい。そして満足は期待を超えたときに生まれやすい。つまり、期待値をうまく設定することが強固なユーザーベースを作り、ブランド化するうえでの要諦となる。この消費者の期待するものこそ、ベネフィットと言ってもいい。

技術の進化と洗練に投資を重ねてきた企業は「機能＝ベネフィット」と考えることがある。努力した成果なので、当然のことかもしれない。とはいえ、技術や

機能は「消費者の期待」を実現し、超えるための手段であることを忘れてはならない。場合によっては消費者不在の数値競争が始まってしまう。

こういった競争状態は、企業にとっても社会にとっても、もちろん消費者にとってもあまり有益なことではない。その技術や達成された数値をもって、消費者にどのようなベネフィットが提供できるのか、消費者は何を期待すべきなのか、きちんと示す必要がある。「300馬力のエンジンを搭載している」というのは素晴らしい技術であるし機能であるけれど、そのままではベネフィットではない。

「300馬力のエンジンだから、自分にとって何がいいのか」、消費者を主語としたベネフィットを示すと消費者の期待値を設定しやすい。期待値をうまく設定できると、期待を超えて満足を提供し、管理できるようになる。この満足は安定したユーザーベースの礎となるだろう。

◉ブランドを明示する規定書で定めるべき主な項目

定める項目	定めるポイント
市場	定められ確立した市場を選ぶのではなく、競合と競い合う場を新たに定義する
ターゲット	既存の愛用者より、確立した意味やベネフィットに共感してくれる消費者層を定義する
ベネフィット	技術の進化で生まれた機能ではない。消費者がブランドから得られること、その期待値を適切に設定する

06

あなたのブランドの「顧客は誰か」、そして「誰に語りかけるべきか」

リピートにつながらない新規顧客（トライアル）は有害だ。トライアルの獲得はマーケティングの醍醐味であることは間違いないが、そこから得られる利益は多くの場合マイナスであり、リピートにつながってこその新規顧客獲得である。こうした考えを徹底させるにはよく使われるパーチェスファネルではなく、エレベーター型の概念を採用すべきである。

「ひとりでも多くのお客様と出会う（＝新規顧客になってもらう）」というスローガンは共感しやすいので見かけることが多いが、ブランドの成長を目指す方針としてはあまり効果的でも効率的でもない。

現実的には、ターゲット消費者を「当該カテゴリーの製品を使ったことがある人」と設定したところで、これら全員を満足させられるようなブランドはほとんどない。そもそも、製品やコミュニケーションを規定した時点で結果的に焦点は絞られているはずだからだ。よしんば広範なターゲットを設定していたとしても、その分、競合ブランドとの競合関係も広がってしまうから、熾烈な競争にさらされるだろう。現実的に、市場の50％が受け入れてくれるようなブランドはそれほどたくさん存在するわけでもない。

意外と意識されていないことだけれど、リピートにつながらない新規顧客（トライアル）はむしろ有害だ。

トライアル後の使用体験に満足すればリピートにつながるはずである。リピートにつながらないということは不満足を産出している可能性がある。しかも、その不満足はＳＮＳなどに乗って拡散してしまうかもしれない。品質に問題のある製品やサービスでないならば、この不満足は期待値の設定に問題があることが多い。その製品やサービスにそぐわない期待を持ってトライアルすれば、いかに製品やサービスが設計通りの機能を発揮しても、消費者は製品を通して提供されるブランド体験に満足しないだろう。機能が足りていないのではなく、期待値の設定を含め、狙うべきターゲット消費者を間違えている。

しかも、一般的に新規の顧客獲得は利益が出にくい。トライアルの段階で利益が出る特殊なコスト構造でもない限り、リピートにつながらないトライアルは損失を生むことになりかねない。

トライアル獲得の魔力

トライアルの獲得はマーケティングの醍醐味であることは間違いない。予算もプランは派手になりがちだし、比例して達成感も大きくなる。勝った負けたといった勝負感も刺激的で、結果が出るのにあまり時間がかからないこともマーケターの射幸心をあおりやすい。

風雪を経て熟達したマーケターにとっても、いつか来た道ではあるだろう。マーケターだけでなく、マネジメントの多くも新規顧客獲得は大好きだ。株主への報告もしやすいし、活動もにぎやかでマーケティング予算の投下が目に見える形で確認できるのも安心できていい。ユーザーが若返っている、というのは明るいニュースとして耳に心地いい。ビジネスが伸びていても、そうでなくても、「新規顧客を」と唱えたくなる。

冷静に観察すれば、多くのブランドで売り上げの70～80％が10～20％のロイヤルユーザーによってもたらされていることが多い。このように、入力（ユーザー数比率）と出力（売り上げ比率）が正比例しないことはパレートの法則で説明されるという。そして「利益」については、その100％以上をロイヤルユーザーに依存し、トライアルから得られる利益はむしろマイナス、ということも珍しくない。トライアルが取れた、という段階では、本当はまだ不十分なのだ。リピートにつながってこその新規顧客獲得である。

顧客獲得は本当にファネルで考えるべきか

パーチェス（購買）ファネルという概念がある。100％の対象顧客のうち、認知が80％、そして購入意向のある人がそのうち約8割で64％、実際に新規購入する人がその約4割で26％、実際に使う人はそのうちの約9割で23％、満足して再購入する人がそのうちの約7割で16％、口コミしてくれる人がそのうちの約3割で、全対象者のうちの5％といった具合だ。購入する人と再購入する人の差が、リピートにつながらない新規顧客と言える。分かりやすいので、多くの組織で使

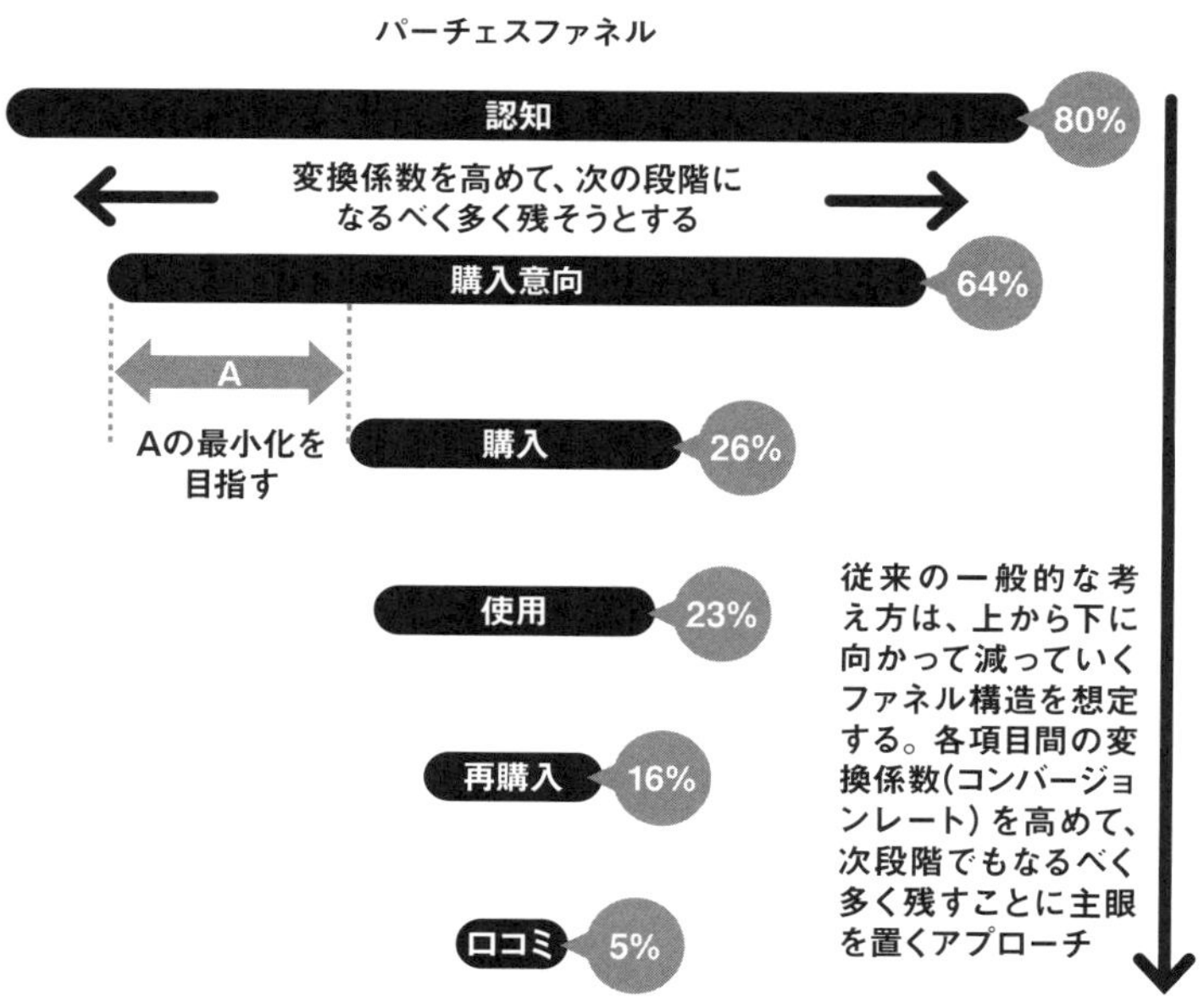
パーチェスファネル
認知
80%
変換係数を高めて、次の段階に
なるべく多く残そうとする
購入意向
64%
A
Aの最小化を
目指す
購入
26%
使用
23%
再購入
16%
口コミ
5%
従来の一般的な考
え方は、上から下に
向かって減っていく
ファネル構造を想定
する。各項目間の変
換係数(コンバージョ
ンレート)を高めて、
次段階でもなるべく
多く残すことに主眼
を置くアプローチ

◉エレベーター型の概念の例／パーチェスファネルの例

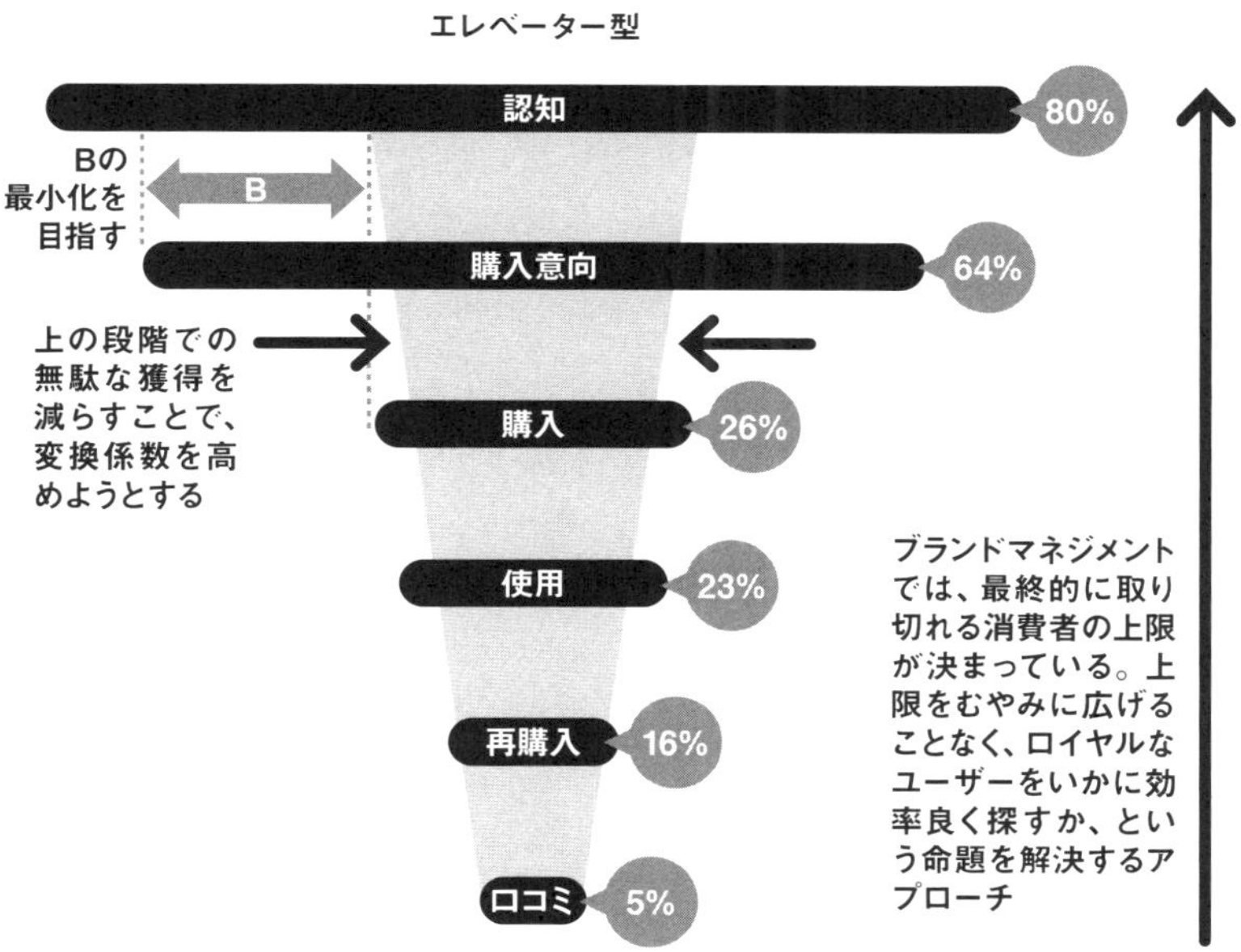

われている。現状を把握するという意味で、便利だし、マーケター以外のメンバーにも説明しやすい。

そして、ビジネスを伸ばそうと考えるとき、「認知から購入意向までに20％も落ちないように、もっと魅力的な訴求をしなくてはならない」とか、「購入意向から実際の購入まで6割も減っている。ここが最大の問題だから、もっと配荷を伸ばすべきだろう。価格にも問題があるかもしれない。ECを始めるべきではないか」といった議論につながっていく。理路整然としている。でも、実は少し焦点がずれている。どこに問題があるのだろうか。そもそも、顧客獲得のダイナミズムはファネル形状を前提とすべきではないかもしれない。

エレベーターだと効率がいい

ブランドを定義する際に、ターゲット消費者を決め、共感されやすいベネフィットを策定している。狙うべきは16％の再購入者によく似た消費者であるだろう。最初の潜在顧客の設定を厳密に設定していれば話は別だが、例えば「30代女性のカテゴリーユーザー」といったふんわりした設定の場合、ファネルの上部でコンバージョン率を上げていっても最終的にはブランドの提供するベネフィットによって絞られるので、実はあまり意味はない。それぞれの段階でなるべく太らすことが重要なのではなく、いずれ到達できるはずの目標とすべき再購入者の総数からまっすぐ上に引き上げた、エレベーターのような形を目指すべきなのだ。

結果的に、認知からトライアル、トライアルから再購入へと段階を下っていっても高いコンバージョンを維持することができる。ただし、上から始めるのではなく、下から考える。認知の次がトライアルなのではなく、トライアルの前が認知なのだ。再購入しそうな消費者層へのトライアルを促し、そうした消費者層の認知や興味喚起に集中すれば、マーケティング予算の投下効率は当然高くできる。マーケティング活動から無駄が減っていく。

第2章

戦略の実践

02
03
04
05
06
07
08
09
10
11
12
13
14
15
16
17
18

07
目的と資源は、正しく明示できているか

いざ戦略を立てるとなると、さまざまな方法やプロセスが存在する印象があるが、実践的には、気にすべき要素は「目的」と「資源」に集約される。戦略とは、「目的達成のための資源利用の指針」と解釈すると、その立案、実行、改善においても理解しやすい。組織全体に戦略の考え方を浸透させる際にも、構成要素が少なく簡潔な考え方であると、共通言語として組織全体が有機的に協働しやすくなる。

このシンプルな定義は、マーケティング戦略立案から組織構築の方針策定に至るまで、汎用的に使える。習得するとブランドのマーケティング諸活動がお互いに整合性を高め、効率的になっていく。結果的に、より高い目的達成を効率的に実現する実行計画につながる。

「目的は何ですか？」と聞くと気まずい？

ことに日本の企業では、活動の目的が簡単に喪失されることがある。いきなりアイデアがやってきて、実行計画に転換される。目的が何だったか、議論されることは少ない。去年もやったから、取引先が希望しているから、上司が言っているから、社長がやりたがっているから。ほとんどの人は人生の明確な目的を持って生まれてきているわけではないので、目的が明示されないままアクションをとることに大きな抵抗を感じない。むしろ、「目的は何ですか？」と聞いて気まずくなることを危惧する。社会的動物であり、確固とした社会を構成する会社組織において、気まずくなる可能性があるなら、言われるままにやっておこう、と考えることは不思議ではない。

とはいえ、我々は科学的に説明可能な世界に住んでいる。これから起きることをすべて説明できるわけもないが、過去に起きた多くのことはそれなりに論理的・科学的に説明可能だ。失敗は、起きるべくして起きている。運良く勝つことはあるが、負けは論理的だ。論理的に勝つための第一歩が目的を明確に意識することである。そもそも、目的が曖昧なままでは、目的を達成されたかどうかも分からない。会社からの期待を超えようにも、目的が曖昧では期待を超えたかどうかもよく分からない。

「1人でも多くのお客さまと出会うこと」はなぜ問題か

いくつかの企業でマーケティング責任者をしていた頃、頻繁に「目的」を聞いていた。たぶん、相当に嫌がられていたと思われる。それまで目的はなんとなく暗黙の了解で触れられることはなく、上司に頼まれたことをやり、去年やっていた施策と同様のことをやっていたのであれば、いちいちマーケティング活動に対して目的など設定していない。とはいえ、提案書などを見ると「目的」という項目はある。そして、このように書いてあったりする。

今回のサンプリング（試供品の配布）の目的は、1人でも多くのお客さまと出会うこと。

目的の欄に書いてあるが、これはサンプリングという活動が記述されているのであって目的ではない。「この表記の何が問題か」と問うと、以下のような答えが返ってくることも少なくない。1人でも多くのお客さまは、明確な数値目標では

◉目的を正しく設定することが大切

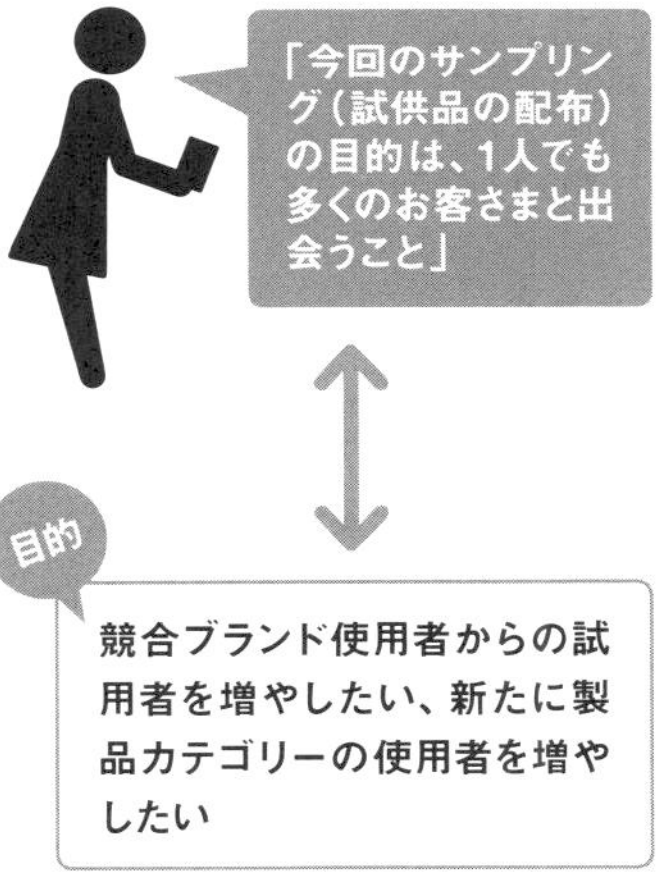

ないから明確な人数を書いたほうがいい。お客さまとは誰か、というのはかなり曖昧だから明示したほうがいい。例えば既存顧客のことか、いずれ顧客になりそうな未使用者あるいは未購入者のことか、それともこの製品カテゴリーの製品はいまだ使ったことのない、カテゴリー未使用者かもしれない。

あるいは、出会うとは何か。配布すればいいのか、受け取って使ってもらわないといけないのか、それとも購入までもっていきたいのか。「出会う」などの表現は趣はあるが解釈の余地が広い。ちゃんと明確にしておきたい部分だ。

明確さに欠く目的表現であることは、解釈の余地なく目的を表記するうえで改善できる問題だ。具体的で、測定可能で、実現可能で、一貫性のある記述であることが望ましい。しかし、この問題の本質はそこではない。ここで目的として示されているのは、サンプリングという活動の記述にすぎない、ということだ。試供品を配るという行為は、文字通り、1人でも多くのお客さまと出会うことであるだろう。このサンプリング活動の目的は、果たして競合ブランド使用者からの試用者を増やしたいのか、新たに製品カテゴリーの使用者を増やしたいのか、既存顧客の離反を防ぎたいのか、それとも既存顧客の使用量や金額などを増やしたいのか。これが目的である。

同様に、サンプリングをちゃんと実行するためにＫＰＩ（重要業績評価指標）として どのような属性の何人にいつ配布するか、を設定しておくことは正しい。しかしながら、これらはサンプリング活動の「記述」でしかなく、サンプリングが達成したい「目的」を示しているわけではない。目的のＫＰＩは新たに獲得する新規ユーザーの人数や、増加する既存ユーザーの消費量として示されるべきだ。この概念は、ほとんどの人が一度で理解できるが、言われるまで気づかないことが多い。

結果、配布数量のＫＰＩだけ示してサンプリングしても、そのサンプリングが本来持つべきマーケティング目的の達成が担保されないという齟齬《そご》が発生する。ＫＰＩ達成でもＫＧＩ（重要目標達成指標）未達成。施策が悪かった、となりがちだが、悪いのは目的設定である。

「その活動がある場合とない場合でどのような差が発生するか」を考えることは大きなヒントになる。考えられる差を最大化することが、その活動の目的であると理解すれば分かりやすい。

見えない資源でジャイアント・キリング

競争に勝ったり目的を達成したりするときには、一般的には、資源に恵まれている。勝者は敗者よりも資源をたくさん持っているから勝者なのだと思われる。こう話すと「桶狭間の戦いで、織田信長は3000の兵で3万人とも4万人ともいわれる（※諸説あり）大群を率いた今川義元を打ち破ったではないか」と反論をされることがある。

確かに。全体を見ればその通りであるけれど、討ち取られた今川義元の周囲だけ見れば、鋭気に満ちた織田軍3000人と、慣れない土地で疲れている旗本3000人の戦闘だ（※諸説あり）。頭数は同じでも、地の利、霧雨に紛れた奇襲の効果、疲労の度合いなどを考えれば、織田軍は資源的に大いに優勢であったことは想像に難くない。

この話で肝要なのは、織田軍には3000の兵を効果的に運用するための、兵数以外の資源があったことだ。3000対3000という単純な算数ではない。前述したように、地の利や疲労、士気の高さ、練度、奇襲する側とされる側、攻撃する側と守る側などが係数としてそれぞれの3000人に加わっただろう。結果的に織田軍3000人の戦闘力は効果的に強化され、今川軍3000人のそれは大きく減ぜられていたと思われる。

ジャイアント・キリング（自分よりも強大な競合に勝利すること）の要諦は、現有資源をいかに強化し、あるいは競合に資源をいかにうまく使わせないか、だ。完全な正面衝突では、負けは目に見えている。こういった状況で重要なのは、見えない資源を使うことである。そのためには、地の利や士気なども含めた見えにくい資源を見通す視点を獲得する必要がある（※視点を拡大する諸概念については、9節で解説するが、拙著『なぜ「戦略」で差がつくのか。』（p・242〜）にも詳しい）。

08

目的を見失わないために、何に気をつければいいか

ある会社でマーケティングの責任者をしていた頃に、インターンを受け入れたときの話から始めよう。

10種類のパッケージと中身を当てるゲーム

1週間のインターン期間が終了し、最後のイベントとして懇親会が開催された。5人ずつ6テーブルに分かれたインターン参加者間の交流を促すために、次のようなゲームを行った。若者に人気の清涼デオドラント商品の10種類のパッケージと、それぞれ中身の組み合わせを当てる、というものだ。10種類の液体が白い小さな紙コップに入れられ、10種類の名称とパッケージが写ったラインアップの写真が各テーブルに配られた。ルールは簡単、一番たくさんの正解を当てたチームの勝ちである。

ルールの説明が終わり、10個の紙コップ、パッケージの写真と解答用紙が配られた。さて、何が起きるだろう。想像の通り、全員が一斉にニオイを嗅ぎ始める。目の前にある挑戦に対して果敢に正面突破を試みる。人間の嗅覚も実は有限の資源である。短時間に嗅ぎ分けられる種類は限られている。同じブランド下にある10種類の違いともなると、全部を嗅ぎ分けられるほど持続的な嗅覚を持ち合わせられるものではない。まずやってみる、とりあえず動く、というのは好意的に捉えられることも多いが、闇雲に動く前に少し考えてみてもいい。

このゲームの主催者の目的は「参加したインターンが盛り上がり、親交を深めること」なので、ワイワイとニオイを嗅ぎ合っているさまは、比較的手軽なセットアップの割には大いに盛り上がっていてほほ笑ましいものだった。

我に返って「まず目的をちゃんとしよう」

前節で示したように、「戦略とは目的達成のための資源利用の指針である」と定義付けられる。この説明はインターン期間の冒頭に実施した座学で示されていて、1週間の課題の最中にも「目的の再解釈」はインターン生の議論に幾度となく上ってきていた。彼らは、知識としては戦略は目的と資源、と分かっている。「戦略とは何ですか?」と聞けば、優秀な彼らは間違いなく「目的と資源」と答えられるだろう。そこで、実験をしてみた。

1つのテーブルで「戦略の定義は何だったかしら」と尋ねてみたのだ。「目的と資源です」。その通り。この質問で、幾人かが我に返った。「まず目的をちゃんとしよう」。ルールに示されているのは、一番たくさん組み合わせを当てたチームが勝ち、ということだけである。

このチームが「目的の再解釈」として試みたのは、「いくつの組み合わせを当てられれば一番になれそうか」という目的の明示である。10個当てられるとは思えない。とはいえ5個くらいは複数のチームが当ててきそうだ。このチームは、勝敗ラインを7個と読んだ。さして明確な根拠があったわけではないかもしれないが、とにかく明確な目的の再解釈がなされた。暗黙に目指していた「できるだけたくさんの組み合わせを当てる」ではなく、「確実な7個の組み合わせを探す」である。

戦略の定義を思い出した彼らが次に行ったのは、手持ち資源のリストアップである。あと何分あり、個々人の特性や当該ブランドを使ったことがあるかどうかなどをリスト化した。ここまでくれば、戦略を導くのは難しい作業ではない。それぞれが使ったことのあるパッケージを特定し、中身を選んだ。不安なものは複数人でダブルチェックした。確実な組み合わせは7個ではなかったが、曖昧な組み合わせにも当たりがあり、8個を当ててゲームに勝つことができた。2位を大きく引き離して圧勝である。

このチームは特別に鼻が利いたのかもしれないが、目的を明確化し、戦略的にゲームに臨んだことが功を奏したのは確かだろう。大して変数が多いわけではないこの程度のゲームでも、目的を再解釈し、資源をリストアップし、戦略を基に活動することで目的の達成度合いは高まるのだと実感できる経験となった。

組織の力が知性の力を吹き飛ばす

歴史を振り返っても、この懇親会のゲームのようなことはよく起きている。第二次世界大戦、連合国側が戦う目的は「ポーランドを救え」だったはずだし、そもそもドイツを徹底的に破壊するつもりはなかったはずだ。19世紀の軍事学者クラウゼヴィッツが示した政治活動の一環としての戦争ではなく、大規模な戦闘の延長としての戦争に熱中してしまい、そもそもの目的を見失った。第二次世界大戦には勝ったが、ドイツというソビエトへの抑止力を失った欧州は、冷戦へと進まざるを得なくなる。

同じ頃、太平洋でも同様の例が観察される。そもそも日本のミッドウェー島攻撃は米海軍の機動部隊を引き寄せるための陽動作戦だったはずだが、意思疎通の不備もあって、艦隊は同島攻撃に熱中し、敗北を喫する。2年後のレイテ沖海戦では、そもそもの目的は湾内の敵輸送艦の掃討だったはずだが、付近を航行する敵の水上戦力への打撃に熱中してしまい、目的は達成できなかった。それぞれ諸説あるし、ひとまとめにするのも乱暴な議論かもしれないが、目的を見失ってしまうのは国家の首脳や大部隊の指揮官といった人たちにも起きることだという戒めとすることはできるだろう。

なぜ我々はかくも簡単に目的を見失い、すぐに腕まくりをして、分かりやすいところに飛びかかり、目的を達成し損ねるのか。目前の事柄に熱中し、集団で熱狂する。一旦始まると、組織内のダイナミズムは知性の力を吹き飛ばすのにあまりある強さで集団を駆り立てていく。途中で失敗の臭いがしてきても、指摘することもはばかられる。読者諸兄姉も、経験されたことがあるかもしれない。情熱を持って事に当たるのはとても重要だ。情熱は保有する資源に対して係数のように働く。情熱を持って臨む商談では、そうでない商談よりもうまく話せるはずだ。ただ、情熱を視野の閉ざされた熱中や熱狂と取り違えるべきではない。

「考える」能力は目的達成に重要な資源

「下手の考え休むに似たり」ということわざがある。下手な考えであれば、休んでいるのと同じであることに異論はない。ただ、この考え方の下に、「グズグズ言ってないで、とりあえず動け」とか「考えてないで、とにかくアクションだ」となるといささか残念な印象を拭えない。「考える」という能力を持っているのであれば、それは目的達成のために極めて重要な「資源」であるはずだ。我々はただの手足ではなく、それぞれが視点も情報も、何よりも思考力を持っているのである。どちらに向かうかも分からず焦って走り始めても目的地に着けるものではない。事に当たっては、まず目的を考える、という習慣を確立することが望ましい。行動至上主義を思考停止とすり替えるべきではない。

09
強い、とはどういうことか

「悲しいから泣いているのではない。泣いているから悲しいのだ」という有名なフレーズがある。マーケティング的には、「好きだから買っているのではない。買っているから好きなのだ」というのが真実であることも少なくない。強いから勝つのか、勝つから強いのか。これも似た命題だ。

世界最速のＦ１ドライバーと世界第２位のＦ１ドライバー。上位が実力伯仲の時代には、果たして速いから勝ったのか、勝ったから速いのか、定かでないだろう。論理的には速いから勝つのだけれど、現象を見ると勝ったから速い、と言えそうなこともある。また、時代によってはその差が歴然としていて、圧倒的に強いドライバーが君臨することがある。勝ったから強いのではなく、強いから勝てている状態だ。

「強い」とはどういうことか

では、「強い」とはどういうことか。いろいろな分野でさまざまな強さがありそうだけれど、特定のスポーツを思い描いて列挙してみよう。プレーヤーに生まれつきの才がある。経験を積んでいる。練習を積んでいる。仲間が優秀。チームに団結力がある。資金が潤沢。士気が高い。休養十分で疲れていない。対戦相手を研究している。有利なポジションを取れている。装備がいい。コーチがいい。競技場を熟知している。

どれもありそうな話だ。Ｆ１でも、それ以外のスポーツでも、ビジネスでも通用するだろう。この列挙はどれも間違ってはいないけれど、高い汎用性をもって本質を突いたものではない。生まれつきの才、経験、たくさんの練習、仲間、団結力、士気、資金、準備期間などは相互に関連しているものと、そうでないものが入っている。因果関係でまとめることもできるかもしれない。

しかし、もっと重要なのは、これらはすべて目的達成のための「資源」だと理解できることだ。ここから「強いとは資源をたくさん持っていること」という、「強さ」の定義が示唆される。人か、モノか、あるいは資金や情報など、資源の種類によっていろいろな種類の強さがあるだろう。どの種類であれ「資源をたくさん持っていることを強いと呼ぶ」と理解できれば、強くなるのは難しくない。資源をたくさん持てばいいのだ。練習をし、勉強をし、準備を早く始めて時間を多めに持つことで強くなれる。これらは強くなるための活動であるけれど、それはひとえに資源を増やすための活動であると言い換えられる。

「戦いは数だよ」

ある映画に「戦いは数だよ」という有名なセリフがある。戦略を考えるうえで、極めてシンプルで重要な真理を突いている。同じ作品の中で、強大な戦力を用意した指揮官に対して「これで勝てねば貴様は無能だ」とつぶやく士官も登場する。戦力、すなわち資源量が圧倒的であれば、無能が故に少しばかり組み合わせを間違えても、失策を許容できる。

あるゲームの広告では「戦力か、戦略か」というキャッチコピーが使われていた。この広告はコピーを超えて戦略の真理を語っている。圧倒的な戦力があれば、目的の達成に戦略はいらない。考えられることを全部やればいい。

準備段階ではより多くの資源を用意しておいたほうが目的の達成がより確実になることは間違いない。戦いは数なのだ。とはいえ、効果に加えて効率を考えたとき、このような勝ち方は褒められたものではない。特にマーケティングROIを意識している場合はなおさらだ。できることなら、資源としての自身の能力を高め、最小限の投資で目的を達成できる洗練されたプロフェッショナルを目指したい。

資源を獲得する2つの方法

資源の獲得には大きく分けて2つの方法がある。1つは現存するものの、休眠中で活用できていない資源を見つけ、活性化する方法。もう1つは既存の資源を使って新しい資源を獲得する方法だ。

資源が休眠中なのは、それが資源だと見えていないからだ。そして、そういった休眠資源を見るために視点をうまく広げられないのは、無意識にバイアス（偏向）がかかっているからである。かかったバイアスを取り除くのは難しいが、違うバイアスをかけることで強制的に違う視点を得る方法がある。簡単なものをここで紹介しておこうと思う。詳細は拙著、『なぜ「戦略」で差がつくのか。』に示したので、ご興味のある方は参照していただきたい。

一段階、深く考えてみる

まずは無意識にかかったバイアスをロジックで表出させる方法だ。例えば、「価格を安く設定するとよく売れる」といった話がある。価格を競合よりも安く設定できれば、競争力のある資源となる。ほとんど異論もない話なので、これ以上深く考えることは少ない。

ただ、場合によっては、消費者には意味を成さない程度の価格差しかないこともある。例えば、２１０円と２３０円では違うといえば違うが、消費者行動に差が出るほどの価格弾力性がないことも多い。でありながら、なぜ安いほうが売れるという現象が起きるのだろう。

20円でも安くすればより売れる。でも消費者の選好には影響していないという場合。１つの可能性は、流通業者が担いでくれるからだろう。店頭の露出を高めてくれるので消費者の目につきやすくなり、より売れる。

もう1つの可能性は、営業にとって売りやすいということだ。百戦錬磨の敏腕営業もいれば、まだ成長途上の新人営業もいる。それぞれに練度も営業のスキルも違うので、実行できる商談にも差が出てくる。安い価格での商談はしやすいものだ。つまり、価格の優位を提供することで、使いきれていなかった営業資源（成長途上の新人）をよりよく動員できるようになる。ベテランだけでなく新人も含めて全員がうまく商談できれば、売り上げは上がるだろう。消費者理由ではないが、売り上げが上がったり下がったりするのにはこういう作用が働いていることがある。

この視点で観察できれば、価格を下げることが肝要なのではないことが分かる。眠っている資源、つまり新人の営業の動員が肝要なのだ。彼らにも使いやすい施策を提供することで、営業資源の威力を最大化することができるだろう。

自社の弱点も資源として見直す

活用できていない資源を見つけるもう1つのコツは、資源らしい資源のみを探さないことだ。見えていない資源を探すのだから、資源っぽくないものを見なくてはならない。現在のニーズには合わない製品特徴や、競合製品やサービスに対する優位点ではなく単純な「差」を眺めてみる。一般的には弱点に見えることも、その資源を強みとして使える状況が出てくることがある。

例えば、自社は製造速度が遅いライン8本を運用していて、競合は8倍速の製造ライン1本であるという状況を想像してみよう。一般的には、この遅い8本のラインはいい資源とは見なしにくい。そこで、「遅いラインであるが故にいいことがあるとしたら、それは何か」を考えてみる。高速製造ラインが苦手とする製品仕様の頻繁な変更や、人を配置することで期間限定的にパッケージに何か封入できる、といったことが考えられるかもしれない。通常の視点で見ていると、製造速度の遅いラインはあまり競争優位にならないように見えるが、状況次第ではむしろ強力な資源になることがある。

基礎的な資源を消費して、他の資源を強化

既存の資金、人材、時間などの基礎的な資源を消費することで、他の資源を強化したり、新しく入手したりできる。人材にトレーニングを施したり、新しい設

●資源を獲得する2つの方法

1

活用できていない資源を見つけて活性化する

一段階深く考えてみたり、競合製品の優位点ではなく単純な「差」を見て強みに転換する方法を考えたりする。

2

基礎的な資源を消費して新たな資源を入手する

資金、人材、時間などの基礎的な資源を使い、新たな資源の獲得、強化を進める。人材へのトレーニング、新設備の導入などが該当。

備を導入したりする際に「資源を強化している」という認識を持つことは少ないかもしれない。こうした資源強化につながる活動に際しては、どの資源がどのように強化されるのか、強化された資源をどのように運用したいのか、などを考えたうえで実行するとより効果的・効率的に資源強化を進められるだろう。

10

現場の観察力を引き出すために、何を聞くべきか

現場の声を活動に反映させなければならない。極めて正論であるし、当然といえばあまりに当然。とはいえ、現場の営業の要望を聞いて、そのまま承認すればいい、というものでもない。現場の声にも聞き方がある。

「現場の声を聞こう」

「現場の声を聞こう」。ビジネスの調子が悪くなってくると、よく耳にするのがこのフレーズだ。営業部隊を鼓舞するためか、本社を叱責するためか、本社と営業の一体感の醸成なのか、それとも資源としての現場の情報を吸い上げたいのか。目的が明示されないことも少なくないだろう。

営業を巻き込んだ多数決で新商品のパッケージを決める、というような策は、

お祭り的な一体感を醸成するのが目的ならうまく機能することもある。聞いてもらえたという感覚は、無視されてきたという不満に対して強く作用するからだ。ポピュリズムは時に強力な方法論だ。

しかし、全国の消費者に効果的に受け入れてもらうための新ブランド用のパッケージ開発の一環であるなら、ターゲットとする消費者と営業メンバーの一貫性や、デザインの選択肢の示し方次第では最適な方法とは言いにくい。極めて当然のことながら、目的が曖昧なまま現場の声を聞き集めて、その場その場のリクエストにそのまま答えても大した成果にはならない。社内向きの活動となり、消費者や市場に響くものではない。

「現場の声」を聞く技術とは

現場の声を聞こうというときに「おかしいと思うことを言ってください」といったストレートな質問をよく耳にする。話を聞く相手によってはこれで答えが出てくる場合もあるが、不満や、特に本社への鬱憤が噴出するだけのことも少なくない。この手の不満や鬱憤にも一理あるし、良くも悪くも現場が普遍的に抱えている問題を示すこともある。

とはいえ、当然のことながら本社の側にも相応に理にかなった言い分がある。どちらかを悪者にするために現場の声を聞いているわけではないし、社内政治の手段にすべきものでもない。現場の声を聞くとはすなわち、現場で日常的に見聞きすることを通してのみ得られる知見を聞くことであり、顕在化していなかったり言語化しにくかったりする現場の知恵を手に入れることである。消費者理解に技術が必要なように、現場の声を聞くにも技術がある。今までの経験のなかで、いくつか効果的な聞き方を見つけたので、ここに共有しておきたいと思う。

質問1「うまくいっている活動は何ですか？　どうしてだと思いますか？」

この質問をすることで、それぞれの店舗や営業がどのような目的設定をしていて、どういった資源が機能しているかが分かる。「どうしたら売り上げが伸びると思うか」といった漠然とした質問に対して、うまく答えられない人も少なくない。状況を整理し、理由を分析して簡潔にまとめるのが得意な人ばかりではないからだ。そこで、この質問が対処法となる。

「具体的にうまくいっていること」の提示と「その理由」の2つの要素に分解しているのが答えやすさにつながっていると思われる。具体的な施策や商品についての質問だから日々の実感に照らして答えやすい。また、「うまくいっている」のは売り上げが伸びているのか、売り上げは気にしていないが利益が出ているのか、それとも訪店客が増えているのか、それぞれの店舗や営業が何を目標設定にしているのかも理解できるだろう。

「今月の目標は何ですか？」と聞いてもいいが、それでは本社や支社長の指示が復唱されるだけだ。指示の浸透度合いを知りたいのであればそれでもいいが、現場ならではの視点を得るための質問ではない。

うまくいっている活動を示してもらったら、どういう原因でその活動がうまくいっているのか質問してみる。今のところ、理由を答えられないという状況に出合ったことはない。どうして売り上げがいいのか、という質問への回答は曖昧であっても、どうしてこの施策はうまくいっているのか、という質問には現場の視点から見た競争力のある資源が言及されることが多い。他店舗・他地域への水平展開、広告や商品改良といった、本社による全国レベルの支援強化につながる現場の知恵が出てくる。

質問2「うまくいっていない活動は何ですか？　どうしてだと思いますか？」

これは、前述した「うまくいっている活動」についての一連の質問の裏返しだ。どうして売れないのか、という質問と同義であるけれど、これも具体的な活動について質問しており、状況理解と理由分析の要素を分解して聞いているので答えやすい。この質問でも重要なのは「どうしてだと思いますか」という点だ。

目標達成のために、現場が最も重要だと考えている要素が示されるだろう。もし、本社やブランドの見解と違う場合には金脈を掘り当てているかもしれない。どちらかが正しい、間違っているという評価をするのではなく、その見解のズレに不調の原因が潜んでいる可能性が高い。ブランドの意図が十分に伝わっていないのであれば説明を強化する必要があるし、ブランドの認識が現状と一致していないなら方針を修正する必要がある。いずれにしても、事態を大きく改善するヒントが出てくることが多い。

質問3「もし、支援に糸目をつけずにこの店舗の売り上げを倍にするとしたら、何をしたいですか？」

経験的には、この質問に対する回答は、とても本質的なものになることが多い。店舗面積を倍にせよ、品切れをなくせ、人員配置を倍にせよ、品数を倍にせよ、価格を50円だけ下げて競合との価格差を縮めてくれ、など回答の種類は多岐にわたる。

現実的には金に糸目がついているので言葉通りの実行は難しいかもしれないが、現場でしか見えない知見を効果的に得られる。もし、店舗担当者や営業が即座に答えられなかったとしても、今まであまり聞かれたことのない質問なので、彼らはしばらく覚えてくれている可能性が高い。「もし売り上げを倍にするとしたら何をすればいいか」という質問に対して、次回の訪問時にはきっと現場の答えを教えてくれるだろう。

マーケティングの技術が消費者を深く理解したうえでの認識管理であるならば、現場の声を聞く際にもその技術を使っていくべきだ。現場にしか見えていないものは、実は現場には分からない。なぜなら、本社は何が見えていないのか、よく分からないことが多いからだ。質問者がうまく質問をすることで、現場の声をうまく聞き出して競争力のあるマーケティング戦略に帰結させたい。

◉現場の声を引き出す3つの質問

質問1

**うまくいっている活動は何ですか？
どうしてだと思いますか？**

各店舗や営業が何を目標に設定しているのかが理解できる。現場視点で競争力のある資源が言及されるため、本社による全国レベルの支援強化につながる現場の知恵を見いだせる可能性がある。

質問2

**うまくいっていない活動は何ですか？
どうしてだと思いますか？**

現場が目標達成のために、最も重要だと考えている要素が示される。本社やブランドとの見解の違いから、不調の原因を見いだせる可能性がある。

質問3

もし、支援に糸目をつけずにこの店舗の売り上げを倍にするとしたら、何をしたいですか？

回答はとても本質的なものになることが多く、現場でしか見えない知見を効果的に得られる。

11

属人的な成功を再現するために、何をすべきか

保有する資源量が多いことこそが「強さ」である。そして、市場競争に勝つための最大の資源の一つが「人材」だ。マーケターやブランドチームの能力が、ブランドの構築に極めて大きな影響をもたらす。では、優秀な人材を輩出し続けるためにはどうすればよいのか――、「上司や自身のモノの見方をコピーし形式知化」することは一つのヒントになるだろう。

市場競争は人材の力で決まる

人材を「人財」と書くことがあるように、それぞれのマーケターの能力やブランドチームの総合力が、ブランドの構築に極めて大きな影響をもたらす資源であることは論をまたない。であるが故に、組織は有能なマーケターやマーケティングリーダーを求めるし、できれば自前で育成したいと考える。

つまるところ、市場競争は人材の力で決まる。マーケティングでもブランディングでも、「人は城、人は石垣、人は堀」である。人材を育成し、人材を魅了できない組織に未来はない。とはいえ、属人的にしてしまってはブランドの永続は心もとない。ブランドは人よりも長生きできる存在だ。自分が引退した後でも、自身が関わったブランドが生き生きとして、人々に愛されている姿を目指すのはブランドマネジャーの美学の一つであるだろう。

そのためには、特定の個人にしかできない貢献を最大化しつつ、仕組みと構造でブランドを永続させる方法も考えなくてはならない。固有の力は人に依存しながら、その影響を非属人的に扱う方法があれば解決する。組織全体の仕組みを通して強化するのが前提でありつつ、個々人ができることもある。それが次の方法だ。

有能なブランドマネジャーのコピーをつくる

手っ取り早いのは、ブランドマネジャーのコピーをつくることである。もっと具体的に示せば、ブランドマネジャーである上司を、部下の担当者たちがコピーするのである。毎日、少なくとも毎週、顔を合わせてミーティングや提案で会話をするのだから、その気になれば思考パターンをコピーすることは難しくはない。

提案を持っていく際には自分のベストな提案を持っていくのが普通であるけれど、その提案に対して「自分の上司は何を言うだろう。どのような質問をしてくるだろう」と、ちょっと考えを巡らせてみる。自分のベストの提案にも、なにがしかの改良点や修正点が見えてくることがある。

同じ頭脳で同じ提案を見ていても、「上司なら何を言いそうか」という視点を持つことで、違う側面が見えてくるものだ。これを習慣化して繰り返すことで、自分本来の視点に加えて、上司の視点も手に入れることができるようになる。時間をかければ、より精密なコピーへと精緻化することも可能なはずだ。これは、上司の意見を押し付ける、ということではない。考え方のアルゴリズムやモノの見方をコピーする。自身の見方を上書きするのではなく、上司のコピーを追加して保有する。

こうすることで、今まで見えていなかったモノが見えてくる。自分が持っていく提案だけではなく、プロジェクトを運営する際にも使うことで、さまざまな資源が新たに見えてくる。今まで見えなかった資源を見いだすための、最も簡単で効果的な方法の一つでもある。

副産物として、上司に提案が通りやすくなり、会議などでの意思疎通がしやすくなるということもある。上司のコピーがあれば、彼・彼女が言いそうなことを事前に手当てできるし、上司が多少言葉足らずでも自分の頭で補正できる。上司のコピーがあれば、先手で動く気が利く部下になることも難しくない。

マーケターのスランプ脱出法は

同じ方法で、自分のコピーを意識的につくることも可能だ。果たして自身のコピーをつくってなんの役に立つのか。これは2つの意味で役に立つ。1つは自分用、もう1つは部下育成用である。

自分用という意味では、これはスポーツ選手が好調時の様子をビデオに撮っておく行為に近い。スランプに陥ったときに、好調時のフォームとどこが一緒でどこが違うのか、コーチと一緒に比較しながら確認することがある。好調時のフォームが記録してあれば、それを基準にスランプの状態から脱することができる。

同じように、好調時の「モノの考え方」が記録してあれば、その考え方を再インストールすることで調子を復元することができる。マーケターのスランプは、うまく物事が見えない、うまく物事を考えられない、ことが大半だ。自身のモノの見方や考え方を表出し、形式知化しておくことは、考え方というプログラムのバックアップをつくっておくことに近い。自分の考え方を客観的に捉えてマニュアル化する作業である。会議などで他者と見解が違うときには、自分に固有の見方や考え方を認識するいい機会だ。自身を俯瞰的に客観視する視点を意識することで、自分マニュアルはつくりやすくなるだろう。

一貫した姿勢の維持が形式知をつくる

部下用としては、想像の通り、彼らの育成に直接的に役に立つ。そして、部下が自分のコピーをつくるのを手助けするのは上司の義務の一つであるだろう。それを部下に強要する必要はないが、同時に、自分のコピーの提供は上司が部下にできる最大のプレゼントだと考えられる。なんといっても、ずっと使えるのだ。

部下にコピーをつくらせる簡単な方法は、提案を受ける際に「さて、私はこれから何を言うでしょうか」と毎回聞くことだ。何度か経験すると、部下は事前に何を言われそうか考えてくるようになる。繰り返すことで、効果的にコピーが出来上がる。

たとえどちらかが会社を辞めても、使い続けられる。個人的にも、20年も前に大きな影響を受けた上司のコピーが、今でも助けてくれている。プレゼンが上手だった上司のコピーがプレゼンを、戦略的だった上司のコピーが戦略を、組織構築が上手だった上司のコピーが組織構築にアドバイスをくれる。彼らの元を離れてからのほうが、彼らへの感謝が強いのは当然かもしれない。

自分のコピーを効果的につくらせる際には、自身のモノの見方や考え方を自分でも客観的に把握しておくほうが効率がいい。毎回予測不能な反応をしていては、部下はまともにコピーをつくれない。一貫した姿勢を維持するためには、形式知化した自分の意思決定パターンを持っておくと好都合だ。一時の感情や状況に影響されて、無用にふらつくこともなくなる。

マーケティングは元来、属人的なものだ。その良い点をうまく使い、良くない点を中和するためにも、上司や自身のモノの見方をコピーし形式知化することが役に立つ。すぐにでも実行可能な方法なので、早速試してもらいたいと思う。

12 組織全体が論理的に思考するために、何をすればいいいか

　上司に言われたから、クライアントが言っているから、去年もやったから――。あるマーケティング活動を実施する根拠に、こうした回答が返ってくる組織は注意が必要だ。ビジネスの意思決定は論理的な確証に基づいたほうが成功しやすいが、それが難しいのは読者諸兄姉も実感するところだろう。では、どうすればよいのか。半年ほどで効果が期待できる特効薬がある。

　感情や好き嫌い、場当たり的な思いつきではなく、戦略に基づいて再現性高くマーケティング組織を運営できれば、ＰＤＣＡをちゃんと回せるようになる。経験は経験値や知識として蓄積され、共有され、属人性を超えた仕組みとして自律的に成長を続ける組織の構築につながる。データドリブンで確度の高いマーケ

ティングも実行しやすくなり、必然的に実績も上がっていく。

では、初めの一歩をどのように設定すればいいのだろうか。自分の組織だけでなく、他部門も巻き込むにはどうするのがいいだろう。幸いなことに、特効薬がある。常に「目的の明確化」を徹底するのだ。

なぜ理路整然と意思決定できないのか

「ビジネスは気合と根性だ」と固く信じている神がかったリーダーや、「自分の感性についてくれれば間違いない」という天才系のリーダーでもない限り、ビジネスの意思決定は論理的な確証に基づいたほうが成功しやすいことは自明だ。人間には「気合と根性」や「天才的感性」も備わっているが、「思考力」も与えられているのだから、重要な資源として使わない手はない。

マーケティングにおいても、超常現象は(滅多に)起きない。であれば理路整然とした意思決定を志向したいが、これが意外と難しい。理性や知識をないがしろにする傾向の組織が少なくないのは、いささか残念なことだ。

なるべく筋肉を使わずにことを済ませようとするように、我々はなるべく脳も使わずに済ませようとする。本能的な傾向かもしれない。提案者の話をよく聞いて理解し、自分の頭を使って考え、評価するのは脳に相応の負荷がかかる。提案者の印象の良しあしや個人的な好き嫌いなどで判断するほうが、負担が少ないし瞬時にできる。耳に残る単語をつかまえ、単純な連想からその場の思いつきを口にするのも、脳に負担がかからない簡単な方法だろう。

このように、ある意味とても人間的な意思決定をしてしまうことは残念ながら珍しくない。つい目的を見失い、思考を停止させて非論理的な判断をしてしまう。これは必ずしも能力が低いというわけではなく、注意力が散漫なだけかもしれない。あまりに無意識で一瞬のことなので、自分では気づいていない場合もある。

徹底的に目的を確認し続ける

どうすれば組織は理路整然とした思考と意思決定に執着できるようになるだろう。うっかり感情的になされるその場限りの判断を回避するためにはどうしたらいいだろう。簡単な特効薬は、常に目的を明確化し続けることだ。

「そもそも、何のためにやっているのか」。上司に言われたから、クライアントが言っているから、去年もやったから。どれも言い訳としてよく聞く話かもしれないが、活動を支持する本質的で論理的な理由にはなっていない。活動の理由に偉い人の名前が入ってくるのは社内への説明を効率良くするかもしれないが、合理的な論拠を喪失させる。

目的が不明な状態で活動することは本来的には非効率なのだけれど、「行動主義的で積極的、しかも従順」という好印象につながるので、組織内ではあえて目的を明確にしないことも少なくない。

目的を明らかにするためには、確認する側にも相応の動機が必要だ。

プロフェッショナルであるために、こう考えてみてはどうだろう。目的が不明確であれば、すなわち会社やマネジメントの期待が不明確なままでは、会社や上司の期待を超えることもできない。プロフェッショナルであるなら「期待を超える」ことを自らにもチームにも課したいものだ。目的を明確にし、期待を確認することはプロフェッショナルの心得であるし、期待を超えるための正しいステップでもある。

目的を確認する3つの方法

確認の方法は段階に応じて3つある。最もストレートなのは直接聞くこと。「この活動の目的は何ですか？」。簡単だ。ただ、聞き方によっては反抗していたり、バカにしていると感じられるかもしれないので、少し注意が必要だ。そこで、この質問に工夫を加えてみる。「この活動の目的は○○○だと思いますが、合っていますか？」と提案を含ませる。ただ聞くだけではなく、目的の自分なりの解釈を提案しているので、好感を持たれやすい。さらに工夫を加えるのであれば、「この活動では○○○を達成すべきであると考えますが、もしそうであれば、ここに代案があります」と、自分のアイデアを提案することもあり得る。その場合は、ある程度のデータがあると好ましい。

活動の目的を確認する3段階

「この活動の目的は何ですか？」

「この活動の目的は○○○だと思いますが、合っていますか？」

「この活動では○○○を達成すべきであると考えますが、もしそうであれば、ここに代案があります」

注意が必要なのは、目的っぽいがとてもふんわりした回答が返ってきたときだ。「売り上げを上げるため」「将来の成長を考えると必要だから」「グローバルに対応していくには、これぐらいやらないと」「競争が激しくなっているから」などの返答は典型例だ。

もちろん、この後に子細な説明が続く場合はその限りではない。ただ、これらの表現だけでは、活動の目的と言うにはあまりに大き過ぎる。あらゆる企業行動を内包できるような目的を設定すべきではない。とはいえ、「これからの人間関係もあるし、ここは『なるほど』って言っておくか」という気持ちになることもあるだろう。

さして重要でもない案件なら「常に目的確認をする」という企業文化の醸成に一歩貢献したと考えて、深く突っ込まないという判断も悪くない。しかし、それは本質的な解決ではないことを忘れてはならない。この活動がある場合とない場合で何が変わるのか、が目的であるだろう。具体的に何を達成したいのか、解釈の余地なく明示することを目指したい。

常に目的を確認し続けていると、「目的が明示されるとほとんどの人はその目的に論理的に沿う提案をするようになる」ということが分かってくる。非論理的な意思決定や提案は、「論理的に考えてください」と言い続けてもなかなか達成できるものではないが、「目的を明確にする」という文化が出来上がるにつれ、ほぼ自動的に大多数が論理的になっていく。組織によっては、早ければ半年ほどで浸透する。「論理的な意思決定」を組織に浸透させたい方には、ぜひ試していただきたい。

第3章 ブランドマネジメント

13

ブランドマネジメント制を導入する際、気をつけるべき点は何か

さまざまな組織形態のうち、ブランドを中心とした経営体制を採る組織をブランドマネジメント制と呼ぶ。それぞれのブランドに固有の「意味」を確立し、長期的に利益を最大化するブランドの管理・運営のために生まれた組織形態である。この制度を構築、維持するためには、いくつかの課題がある。

ブランドに担当者を配置し、ブランドマネジャーと呼ぶことだけではブランドマネジメント制は完成しない。ブランドマネジメント制の導入は、マーケティング組織だけの問題ではなく、全社的な組織構造や組織運営にも大きな影響を与えるものだ。ビジネスによっては、必ずしもブランド制を採らないことがいい結果につながることもあるかもしれない。とはいえ、ブランドを経営の最小単位とすることは、売り上げや利益管理、人材の育成などの見地からも有効なことが多い。

実現するうえでは、特に日本企業では乗り越えるべき課題がいくつかある。本節はその中で代表的な3つの課題を指摘したい。

(1)ブランド別のP／Lが分からない

経験的には、ブランドマネジメント制の導入に際して最も難度の高い工程はブランド別のP／L（損益計算書）を作ることである。営業組織を中心とし、マーケティングを販売促進と認識して活動してきた組織においては、ブランド別のP／Lが明確ではないことがある。ブランドマネジメント制しか知らないと、なかなか信じ難い話かもしれない。

営業組織が仮に4つの地域に分かれている場合を想像してみよう。東日本、西日本、中部、首都圏といった地域別かもしれない。あるいはGMS（総合スーパー）、ドラッグストア、ディスカウントストア、インターネット・通販、と業態別もあるだろう。

いずれの場合であっても、それぞれのグループのリーダーが売り上げ責任、ひいては利益責任を負うことになる。こうした場合、日常的に参照されるP／Lは地域別であったり、業態別であったりするのは当然である。

地域別であれば東日本、業態別であればドラッグストアの売り上げや利益貢献などを把握するのは簡単だ。しかし、ブランドAが今月いくら売れたのか、この四半期でどれほどの利益を生みそうなのか、だからどの程度のマーケティング投資をすべきなのかは、よく分からない。当然、ブランドごとのマーケティングROIなど分かるわけがない。

マーケティングROIはマーケティングの投資効率を示す指標である。ブランドマネジャーの能力を最も端的に示す指標だと言っても過言ではないが、ブランド別のP／Lがなければ計算もできない。

ブランドに対して直接マーケティング予算を配分することはさほど難しいものではないし、それぞれのブランドが当該期間にいくら使ったかというのはマーケティング部門だけで測定できる。対して、営業部門やスタッフ組織などブランドに直接的にはひも付かない人件費をどのように配分すべきか、新製品開発費用はどうするのか、などといった議論は多くの部門を巻き込む必要がある。

それぞれの部門やリーダーに言い分も考え方もあるだろう。ブランドの確立と

◉営業単位で損益を管理していると、ブランド単位の損益が把握しにくいことがある

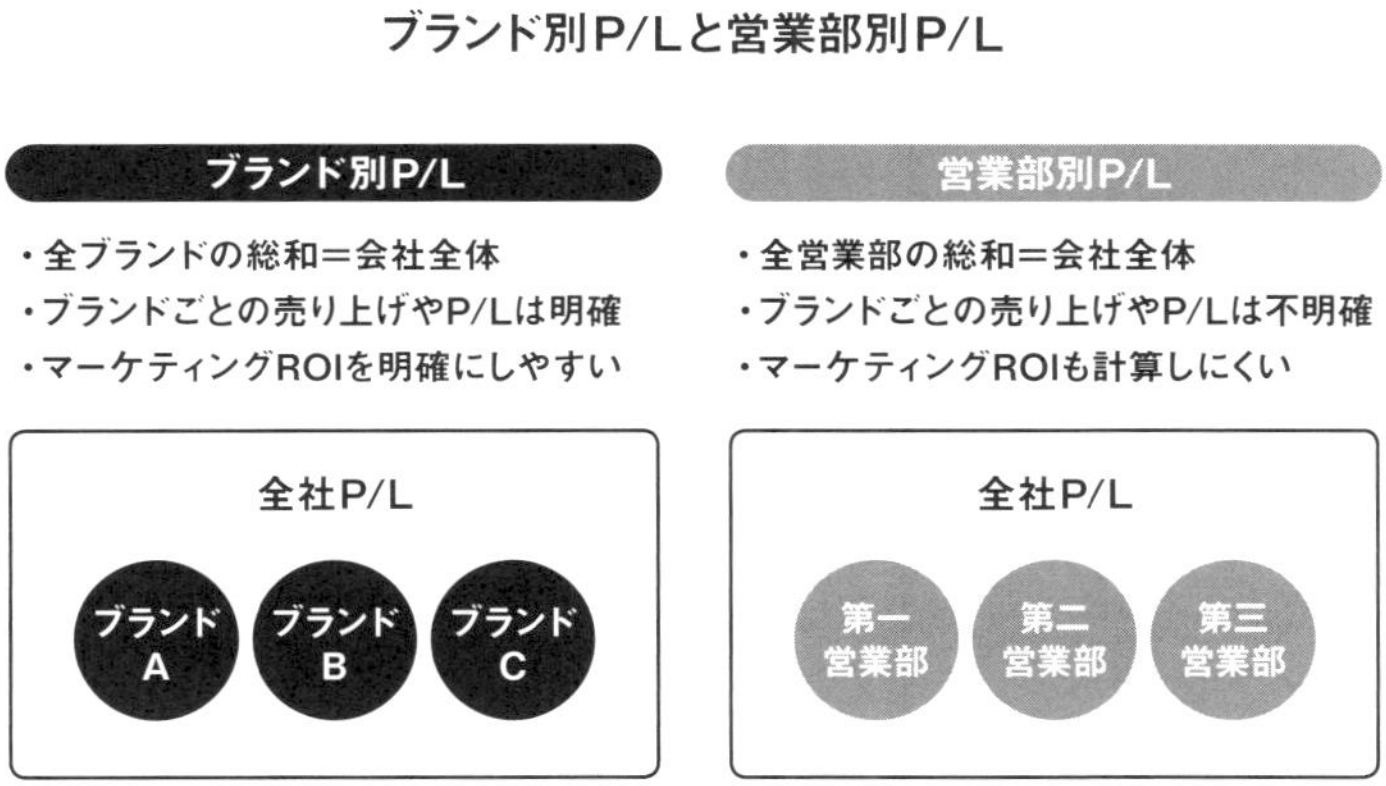
ブランド別P/Lと営業部別P/L
ブランド別P/L
・全ブランドの総和＝会社全体
・ブランドごとの売り上げやP/Lは明確
・マーケティングROIを明確にしやすい
全社P/L
ブランドA
ブランドB
ブランドC
営業部別P/L
・全営業部の総和＝会社全体
・ブランドごとの売り上げやP/Lは不明確
・マーケティングROIも計算しにくい
全社P/L
第一営業部
第二営業部
第三営業部

いった目的を大きく掲げ、論理的整合性を重視した方針を全社で共有する必要がある。社長やCEO（最高経営責任者）といったレベルのマネジメントの支持がなくては実現しにくいのはこういう理由による。ブランドマネジメント制の構築は、マーケティング組織だけでは完結しないのだ。

(2) いいブランドマネジャーを育成できない

企業によっては、「いいマーケター」を明確に定義していることもあるが、全社員向けの行動指標などによる評価制度しか有していない組織も少なくないだろう。そういった組織において、いいマーケターとは「ヒットを生んだ」人材であったり、なんとなく「アートなセンスのある人」や、企画立案の得意な「アイデアマン」であったりする。

もちろん、否定するものではないが、課題があるとするなら客観的に「いいマーケター」を定義しているかどうか、である。アーティストであれアイデアマンであれ、客観的に能力を評価でき、育成できることが望ましい。継続的にマーケターの育成を促す再現性を担保することが重要なのだ。

ブランドは通常のキャリアの年数である40年どころか、場合によっては人の寿命よりも長く存続できるものである。プロダクトや技術は自ずと技術の陳腐化によるライフサイクルがあるが、ブランドにはライフサイクルはない。あったとしても、ずっとゆっくり進む。ブランドは意味であり、ベネフィットを体現するからだ。言葉や概念の陳腐化は技術よりも遅い。ライフサイクルを持たないブランドの効力を最大限に生かそうと思えば、仕組み化し、再現性を確保しておく必要がある。人材の継続的な育成、ブランドマネジャーの再生産能力はブランドマネジメント制に欠くべからざる重要項目である。そのための第一歩が、「いいマーケター」を具体的に、極力、測定可能な形で定義しておくことだ。

「いいマーケター」を定義するに当たっては、企業や部門の大義であるビジョンやミッションを完遂するために必要となるスキルやコンピテンシーを、成長の段階や職責に応じて記述しておくと客観性を維持しやすい。例えば、左記のような具合だ。

・消費者や競合を理解し、属性順位を転換するなど市場創造に関連するスキル群

・ブランドを定義し、マーケティング諸活動の設計図としてパーセプションフロー・モデルなどを運用するブランドマネジメントに関連するスキル群
・ブランドP／Lを含む財務状況やマーケティングROIの管理など財務管理に関連するスキル群
・組織を構築し、運営し、人材育成や採用など組織・人材管理やリーダーシップに関連するスキル群

これらはどのブランドマネジメント組織でも重要なものであるだろう。ここでは概要として枠組みだけ示したが、実際にはそれぞれの枠に10～20個のスキルが従属する。

（3）専門性の高い横断組織をどこに置くべきか

項目ごとの投下予算をブランド横断的に使うことで、会社全体として影響力を強めることができる。例えば、20個のブランドが平均5億円ずつ使うと全体で100億円を使うことになる。ブランドごとにメディアを買っていては5億円程

度の影響力しか与えられないが、ひとまとまりに１００億円あれば、広告代理店やメディアに対してより大きな影響力を与えられるだろう。規模が大きくなれば、より優秀な人材のサポートを得られたりするかもしれない。

また、各ブランドメンバーが多様なメディア購入の仕組みややり方に習熟するのは簡単ではない。そのために、メディアの購買部門をブランド組織の外に横断的に確立することは一般的な方法だ。場合によっては、戦略ＰＲ部門やパッケージ制作といった、専門グループを同様の位置付けで有することもあるかもしれない。

専門性の高い知識の収集・蓄積が必要な分野については、独立した組織にすることは意義深い。例えば、デジタルマーケティング組織を独立させてデジタル専門家をまとめておくべきか、それとも各ブランドにデジタル専門家を配置すべきかという議論がある。すべての状況に対応できる最適解はなさそうだが、デジタル関連の知見をこれから収集していくという段階であれば、独立組織を確立することは正しいだろう。その際、相応の実験予算を持っていると組織の存在理由をよりよく実現できる。専門組織として、知識を収集し、体系的に蓄積することを目指す。

すでにデジタル関連のリテラシーが高いのであれば、持続的な知識流通の仕組みを作ったうえで、各ブランドにデジタル担当者を配置することが効率がいいかもしれない。専門知識を生かして、ブランドごとの活動に貢献する。

意識すべきポイントは、組織がその分野についてどの程度のリテラシーを有しているか、知識の収集と流通のどちらが重要か、を理解することだ。知識は極めて重要で、競争的な資源である。知識管理（ナレッジマネジメント）という視点で組織を眺めると、有意義な示唆があることが少なくない。

14 ブランドマネジャーが持つべき心構えとは何か

ブランドマネジメント制では、経営の最小単位がブランドチームである。その中心でブランドを指揮するのがブランドマネジャーだ。ブランドマネジメント制組織における主役となる存在である。ブランドの競争力は、ブランドマネジャーに懸かっていると言っても過言ではない。

ブランドマネジメント制を始めたのはP&G（プロクター・アンド・ギャンブル）であるといわれているが、それは1931年5月13日に書かれた数ページの提案書に源流を求めることができる。N・H・マッケルロイ氏が書いた提案書がそれだ。彼は、その17年後にP&Gのプレジデントになり、さらに9年後には米国の国防長官になる。慧眼の洞察に基づく提案書には、「Brand Manager」ではなく「Brand Man」と書かれているが、その職責は現代のブランドマネジャーとほとんど変わらない。

（1）担当ブランドの出荷量を注意深く研究する

（2）人口当たりの売り上げが平均よりも良い地域でうまくいっている活動を理解する

（3）反対に平均よりも悪い地域について過去の経緯から原因を研究し、投資効率が見合うような解決策を考える

などと示されている。マーケティングＲＯＩの概念は、１９３１年には存在したわけだ。

さらに、ブランドに関わるすべての広告に責任を持ち、各地域の責任者をブランドごとの売り上げのプレッシャーから解放するとある。ブランドマネジャーが担当ブランドの売り上げとマーケティング予算運用の責任を持つということだ。現代のブランドマネジメントにおいては、売り上げと予算投下、つまるところブランドの利益に責任を持つことも極めて重要な要素であるが、最初期の記述と大いに通じるものである。

担当するブランドの成長に集中する

ブランドマネジメントの本義が意味の管理であったとしても、売り上げや利益責任を果たさなくてはブランドは存続できない。ブランドは消費者との約束を守り、社会に必要とされるべき大義《パーパス》を体現していくために存在するが、そのためにはマーケティング活動とそれを支える予算が必要だ。ブランドが存続するためには、社会の役に立つ大義と同様、利益を出し続ける必要がある。大義があるから社会において存在でき、利益を出せるから大義を体現できる。どちらかだけではいずれ存在が危うくなる。

マッケルロイはその提案書の中で、「ブランドマンは複数ブランドを担当すべきものではない」とも示している。１人の責任者を任命することで、責任の所在を明確にできる。責任者がブランドを自分ごと化するのにも大いに貢献したことだろう。担当するブランドの成長に集中し、覚悟を持つことがブランドマネジャーに求められる矜持であるとも言える。その責任に見合った権限も付与されてしかるべきだ。場合によっては、組織の中でいささかの異端となることもある。

月ごと、週ごとの売り上げや利益の増減に絶え間なく対応する事業部に帰属しつつも、個々のブランドチームが長期的な成長という視点を持ち続けていることは、いずれ企業に利するものである。弱いリーダーは、一時の利益確保やパニックによる思いつきでブランドを過剰に痛めつけることがある。ブランドマネジャーは競合などの社外からの圧力だけでなく、こうした社内の圧力からもブランドを守らねばならない。

忖度《そんたく》、妥協より「ブランドの成長を最優先」

責任あるブランドマネジャーが担当していながら、ブランドの一挙手一投足に上級マネジメントが指示を出そうとするのは、ブランドマネジメント制が確立されていない組織では頻繁に発生することがある。効果の面からも効率の面からも、推奨できるものではない。長らくブランドマネジメントを進めてきた企業においても、これらのマネジメントの介入を禁ずることはあまりない。しかしながら、そうした行動を「恥ずべきもの」とする文化を持っていることはある。歴史の中で組織が失敗から学び、確立してきたのかもしれない。上級マネジメントは、ブランドマネジャーに消費者理解と戦略にのっとった論理的な説明を求め、意思決定を承認するのが役割だ。ブランドマネジャーの代わりにプランを指示するためにいるのではない。

帰属する事業本部やカテゴリーの方針変更が自分のブランドに長期的な不利益をもたらす可能性があれば、ブランドの擁護者として反論することもブランドマネジャーの重要な職責として期待されている。事業本部の方針だからつべこべ言わずに従え、というものではない。協調という呼び名の忖度や、一致団結という名を借りた妥協は期待されるべきではない。彼・彼女にとって、ブランドの長期的な成長は最優先に考えるべき事項であるし、そういう役である。多くの若いブランドマネジャーたちがマネジメントからそのように諭され、励まされてきた。そしてそのマネジメントが（諸般の事情からやむを得ず）短期的な視野狭窄に陥ったときには、ブランドを守ってきた。

もちろん、組織がまっとうに機能するために、いったん意思決定がなされれば躊躇《ちゅうちょ》することなく従うべきであることは論をまたない。ただ、意思決定がなされる前には、上役の希望する方針に反しても消費者理解をもって論理的に正論を展開し、提案するのがブランドマネジャーの職責である。マネジメントの意向に沿うことよりもブランドと消費者のことを真摯に考えているブランドマネジャーがいる企業は幸いである。

ブランドマネジメント制が正しく理解され、実行されている組織であれば、ブランドの長期的な存続と繁栄の可能性が期待できる。そこから得られる持続的な利益は、企業の連続的な成長を促すだろう。逆に、ブランドマネジャーが頻繁にブランドの成長戦略や消費者理解を曲げ、上役の意向を鵜呑みにするのであれば、ブランドマネジメント制を採用する意義は少ないかもしれない。

ブランドマネジャーの職責とは

うまく機能しているブランドマネジメント制組織において、ブランドマネジャーの仕事は大きく2つに分けられる。

すなわち、

(i) 担当するブランドのビジネスの伸長

(ii) 組織の強化

の2点である。共に、ブランドマネジャーの次の段階であるマーケティングディレクターや、いずれＣＭＯ（最高マーケティング責任者）となっていく際に必要となるスキルや経験の基礎となる。

前者については、

（１）目標とする利益の達成
（２）そのためのシェア目標や売り上げ目標の達成
（３）ブランドエクイティ（ブランドが持つ「意味」の保有度）の維持・強化
（４）そのための消費者理解
（５）そのための各種マーケティング予算の投下責任
（６）ブランドの指揮に必要なリーダーシップの発揮

などが具体的に期待される。つまるところ、短期・長期の利益の確保である。実績評価は単年度で行われることが通常なので、長期もさることながら、短期の業績を無視してもいいわけではない。自身のみならず、部下やブランドが実績を上げ、成功していくためには短期利益が必要である。同時に、長期利益の最大化を考えないブランドマネジャーは、褒められたものではない。そのためには、ブランドエクイティや大義の確立を考えなくてはならない。

組織の強化については、ブランドチーム内での業務の部下への割り振り方、オペレーションや仕組みの最適化などといった小規模な組織構築・強化に加え、メンバーの成長を最大化することも重要な責任だ。キャリアプランや成長プランの構築を助け、成長のためのレビューをし、メンバーがそれぞれのプロジェクトからどのような学びを得るべきか、アドバイスできるといいだろう。

プロジェクトを遂行することで得られる学びはメンバーの成長の主要素である。なかにはただの作業のようなプロジェクトもあるかもしれないが、それぞれが担当するプロジェクトから得るべきラーニングを明確にできれば、メンバーの成長機会を最大化できる。この経験も、より大きな組織を率いる際にとても役に立つ。勝つ組織は多くの資源を持つ組織であり、人材は、その最たるものだ。そして、1年で得られる経験値の総量が競合よりも多いのであれば、それは競争力のある組織だと言えるだろう。

15 CMOが固有になすべきことは何か

CMO（Chief Marketing Officer＝最高マーケティング責任者）の役割は企業によってさまざまだ。一例を挙げれば、あらゆる施策を把握し、意思決定して勝ち続ける一騎当千のマーケティング巧者であるナポレオン的CMOがある。しかし、すべての企業でナポレオンが求められるわけではない。

CMO、マーケティング担当役員、マーケティング本部長、マーケティング担当副社長など、呼び名はそれぞれであれど、マーケティング関連部門の長をこのような役職で呼ぶことが多い。似た名前であっても、それぞれの組織で役割は大きく異なることがある。CMOとマーケティング本部長が違う職級だという組織もあるかもしれないが、ここでは議論をシンプルにするためにすべてCMOと呼び、マーケティング関連の職能域で最上の職位について議論する。

ＣＭＯという仕事には、大別すると2つの種類が存在する。この種別は、ブランド組織の構造に大きく依存している。1つは1社で1ブランド、あるいは複数ブランドであっても1つの製品カテゴリー内で運営している場合。もう1つは、1社で複数の製品カテゴリーにまたがるブランド群を擁している場合だ。前者は組織内にブランドマネジャーというポジションが存在しないこともあるだろう。後者には多くのブランドマネジャーがいると想像される。

ナポレオン的ＣＭＯは一騎当千のマーケティング巧者

前者の組織に明確なブランドマネジャーが存在しないことがあるのは、ＣＭＯが「大きなブランドマネジャー」として機能するからだ。会社名＝1つの大きなブランドであり、そのブランドマネジメントを担当する。マーケティングについての意思決定を自分でしつつ、大部分の職責をＣＥＯと共有するだろう。マーケティング予算が売り上げの10～20％を占めるといった場合では、利益と同額かそれを上回る予算規模になるのでその影響はとても大きい。年間の利益責任は言うに及ばず、四半期ごとの、あるいは毎月の売り上げも子細に把握している。シーズンごとの施策や広告表現、メディアプランに加えて、新商品導入についても具体的な計画を把握し、あるいは自ら立案しているだろう。例えるなら、スポーツチームのエースプレーヤーやキャプテンとしてボールに触れながら、直接的に得点に貢献していく。大げさに言えば、「ナポレオン」的な活躍をするだろう。彼がいる前線は、崩れることがない。

これらのCMOは一騎当千のマーケティング巧者であり、具体的で分かりやすい指示を出すことで全組織を1つの方向に導くことが期待される。連戦連勝ではなくとも、失地があれば迅速に二手、三手先を読み、挽回することが求められる。自らアイデアを出し、部下や代理店からの提案を評価し、個々の施策を采配する。組織は、彼あるいは彼女のゲームプランを具現化することを旨とする。有能な組織のあるべき姿の一つである。

自分でプレーはせずに勝つモルトケ的CMO

対して、ポートフォリオでブランド管理をする組織のCMOは、個別のブランドの状況に深く立ち入るのはあまり上策ではない。ほとんどのCMOはマーケティング部門で腕を鳴らしてきたであろうから、昔取ったきねづかを振り回したくなる欲求を感じることは多い。でも、ここでは果たすべき役割が違う。よほどの能力や熱意があっても、マイクロマネジメントは効果的でも効率的でもない。仮に経験豊かなCMOが通常のブランドマネジャーの10倍の能力を持っていたとしても、20ブランドもあれば、ブランド当たりに投下できる能力は10÷20＝0・5となる。つまり、ブランドマネジャー0・5人相当にまで劣化してしまう。しかも、CMOに固有の仕事もあるので、使える時間は半人前よりはるかに小さなものになる。能力と経験にかかわらず、それでは消費者理解は浅薄なものになり、考えることもままならない。

では、こういったCMOにはどのような貢献を期待すべきか。ブランドのポートフォリオが安定的に確立され、組織がブランドを正しくマネジメントでき、自律的な成長を続けられる組織環境を整えることが重要な仕事となる。スポーツでもチームが強くなれば結果として試合に勝てるように、組織が強くなればビジネスは伸長していく。人と組織こそが最も強力な資源なのだ。

このようなCMOの貢献は、スポーツチームであれば監督やコーチの仕事に近いものだ。しかも、ブランドの数だけ、複数のゲームに同時に参加している。ゲームの目的や戦略を指示することはあっても、直接自分でプレーするわけではない。前者が英雄ナポレオンであれば、こちらは普墺戦争・普仏戦争を勝利に導いたプロイセン王国の参謀総長「モルトケ」かもしれない。彼は仕組みを整え、部隊は自律的に能力を発揮する。ナポレオンの将軍たちがあまり自主権を持たなかったのに対し、彼は指揮官たちに目的を伝え、自主性を重んじた。

いいプレーヤーはいい監督になる?

スポーツと本質的に違うのは、ゲームの仕方によって、そのマーケティング組織の構造が大きく変えられることだ。スポーツでは、競技ルールでゲームへの参加人数や、得点の計算方法が決められている。ビジネスでは、どのような組織構造で市場競争に臨むべき、という決まりはない。言うまでもなく、組織が潜在的に持つ能力を十分に発揮しないと十分な成果は見込めないが、その能力を発揮する方法は多岐にわたる。担当者の数だけあると言っても過言ではない。加えて、得点の計算方法＝利益の出し方もさまざまだ。これらを勘案し、マーケティング組織の全体像を設計し、オペレーションの方法を定め、行動原理や文化的規範を導入し、キャリアプランや人材育成、採用方針を設定し、目指すマーケティングに適したP／L（損益計算書）を整備する必要がある。こうした仕事は、毎年実行することはないが、必要に応じてCMOの経験や能力を集中投下できることが重要だろう。

素晴らしいプレーヤーがいい監督になることもあれば、そうでないこともある。プレーヤーとしてそこそこでも、とてもいい監督になる例もあるかもしれない。要求される能力がプレーヤーと監督では異なるのであるから、当然のことだ。また、長くマーケティングをしていたからといって、マーケティング組織の構築ができる、というものでもない。長くクルマに乗っていても、クルマを設計できるわけではない。いい組織構築者になるためには、マーケティングをしてきたことは必要条件となるかもしれないが、それだけでは十分ではないかもしれない。

再現性のある方法論を有していることが、効果的に組織構築をするための十分条件になるだろう。方法論が確立されていれば、たとえ最初からうまくいかなくとも修正点を見つけやすい。マーケティングプランの構築においても再現性が重要であるように、組織構築においても再現性は重要な項目である。再現性は形式知として顕在化していてもいいが、暗黙知として個人に内在することもあるかもしれない。

いずれのタイプのCMOであっても、多くのCMOは強力なリーダーシップを有していることが多い。ビジョンを示し、メンバーと共有し、実現するのがリーダーシップであるけれど、その方法はさまざまだ。極端な例示をするなら、父性や母性で組織を統率してもいいし、逆に父性や母性をくすぐることで組織を導いてもいい。卓越した能力・経験やカリスマ性をもってけん引するもよし、あらがいようのない愛嬌や脆弱性をもって鼓舞するもよし、である。

16

どうすれば各分野の専門家とうまく協働できるか

ブランドマネジメントを行う際に、経営の最小単位としてブランドの利益責任を担うブランドチームと、それぞれの専門性でブランドの諸活動を支援するブランド横断的な機能が併存することはよくある。ブランドマネジメント制を採用していない企業では、売り上げに直接影響を与えるマーケティング計画を立案・実行する組織と、専門性で間接的に支援する組織に分かれていることもある。

それらの専門組織は、市場や消費者の理解を進めたり、メディアプランを立てたり、パッケージのデザインを決めたり、店頭などの販促施策の立案や実行を担当したり、あるいはブランドのウェブサイトやデジタル施策の企画実行を請け負ったりする。ブランド横断的で、専門性の高い分野の活動だ。また、広告代理店、PR（広報）代理店、調査会社、デジタル代理店など、社外の組織に専門的な支援を求めることも少なくない。物理的に帰属先は異なっても、連携が上手な外部組織は社内の横断組織と同様に強力な資源になる点は似ている。これらの部門と働く際には、何に気を配るべきか。その代表的な組織とも言える、市場や消費者の調査部門について考察する。

ブランドの意図を共有するブリーフィング

専門組織と協働する際には、それぞれ固有の気配りや、注意すべき点がいろいろある。専門性をうまく引き出すために最も重要なことは、意図を明確にしたブリーフを基に、しっかりしたブリーフィングをすることだ。日本のビジネス環境ではオリエンテーションという言葉を使うこともあるかもしれない。活動がリサーチであればリサーチブリーフを、メディアプランの構築であればメディアブリーフを、パッケージの開発であればパッケージブリーフを用意することになる。

ブリーフィングの本義は、自分ではできないことを専門家に頼みつつ、自分の期待を超えてもらうことにある。この技術を習得すると、パッケージに貼り付ける店頭用ステッカーのデザインから広告動画の制作、さらには研究所による新製品の開発まで、それぞれの専門家に実力を最大限発揮してもらうことができるようになる。この作用はマーケティング関連の活動に限ったものではない。散髪から家の建築まで、およそ専門家に何かを依頼して自分の期待を超えてもらう際には役に立つスキルだ。

マーケティング活動であれば、パーセプションフロー・モデルなどマーケティング活動の全体設計図を描いたうえで、当該プロジェクトの各部分を担当する専門家たちに全体の中での役割を明示することが肝要だ。全体で包括的に何を達成したいのか、そしてそれぞれの専門家の前段階でどの組織が何をしていて、次の段階でどのチームが何をするのか。これが理解できれば、個別の最適化ではなく全体最適化のために個々の専門家はプロフェッショナルとしてどのような役割を果たすべきか分かりやすい。

具体的には、そのプロジェクトがある場合とない場合で、あるいはその部分がある場合とない場合でどのような違いが世の中に発生し得るか、明確にするといい。その違いを最大化することが、それぞれの専門家に課せられた役割となる。

依頼を受ける側も、目的や意図が曖昧なまま、プロジェクトの概要だけ聞いて企画立案や実行に移るべきではない。例えば、「サンプリング」活動にも試用（トライアル）のためのサンプリングもあれば、再購入（リピート）のためのものもある。「サンプリングの企画をしてください」だけでは焦点は定まらないし、依頼主の期待がどこにあるのか分からない。期待が曖昧だと、期待を超えることはおろか、期待に沿うことさえ難しくなる。いつ、何人に、どのくらいの費用をかけて配布する、という作業の枠組みは決められるが、それらのＫＰＩは作業の枠組みを決めるだけだ。これでは、そもそもサンプリング活動に課せられた役割を果たせるとは限らない。

シェアをよく見せるためのデータ加工

マネジメントに報告する際、自社のシェアをよりよく見せるために調査会社のシェアデータを加工して回覧している、という企業があると聞く。シェアデータを活用する理由が市場の正確な把握なのであれば、自社のシェアをよりよく見せるためのデータ加工はあまり建設的な作業ではないかもしれないし、速報性や継続性も損なわれかねない。また、自らの意に沿う消費者データのみを恣意的に採用し、そうでないものについては調査の方法などについてあら探しをするのも、あまり褒められたものではない。調査部門の専門性や労力といった希少な資源をこうしたことに使うべきではないだろう。

学生時代に、「たとえ何千人の消費者調査をしたところで、世の中の真理が分かるものではない」と説かれたことがある。「そもそもリサーチとは、全社が一致団結し、自信を持って事に当たるためでもある」といった説明だった。リサーチ手法の講義を受け持つ教授の言葉だったので、いささかの衝撃と共に深く納得した記憶がある。「消費者調査の結果も〝吉〟と出ています。やりましょう」と上申し、「消費者も好意的ならば、成功の可能性は高そうだ。よし、やろう」と決断する。消費者の意向が前提であれば、全社の士気も上がるだろうし、納得もしやすい。全員が確信を持って全力疾走する場合と、恐る恐る前進する場合とでは、進捗にも成功にも大きな差が出ることは想像に難くない。

言うまでもなく、調査の第一義的な役割は実態を理解することにある。普遍的な真理が分かるものではないかもしれないが、まっとうな方法で得られた情報は、相応に現実を反映している。自ずと限界はありながらも、事実は常に追い求めるべきものだ。

そして、意思決定の確からしさを高めるためにも、現実を理解するためにも、消費者調査には論理的な整合性が強く求められる。再現性があり、科学的に正当な手法を取っているから調査結果を信用できるのだ。恣意的に取捨選択していては信ぴょう性を担保できない。調査部門がマーケティング部門から独立して並列に配置され、マネジメントやマーケティング部門から干渉されにくい構造を採る企業もある。前述のような事態を防ぐためには、正しい配慮と言えるだろう。もちろん、知識が力であることを理解し、調査の意義を尊重し、自律的に統制の利いた組織であればその限りではない。

専門部署のキャリアパスを用意する

専門性の高い部門が抱えがちな問題は、人数規模の少なさからくる組織の硬直、特に、キャリアパスを描きにくいことに起因するキャリアの硬直だ。仮に調査部門が6人で構成されていて、部門長が1人、課長が2人、一般社員が3人いるとしよう。果たして、3人の一般社員それぞれの仕事の延長線上に、課長職は見えているだろうか。部門長というキャリアは描けるものだろうか。想定できるのであれば素晴らしいが、そうでない場合には、十分に刺激的で動機付けになりそうなキャリア展望を用意しておく必要がある。場合によっては、経験値の蓄積のために、ブランドチームや代理店への短期の育成アサインメントなども選択肢として考えられるかもしれない。

17

組織が持続的に成長するために必要なことは何か

「後進の育成ができなければ自らも昇進できない」といった規律を維持できる組織もあれば、希少な人材育成者をうまく活用できない企業もある。自律的な組織成長を実現するには、成長の本質を理解する必要がある。何に着目し、どのような手を打てばいいだろうか。

組織の成長が重要だと唱えるリーダーは多い。同時に、知識や育成をないがしろにする組織がとても多いのは残念なことだ。リーダーが組織成長の重要性を本質的には理解できていなかったり、その方法を知らなかったりすると、表面的に「組織の風通しが悪いから〝さん付け運動〟をしよう」とか、「若手を元気づけるために若者を起用しよう」と掛け声をかける。

もちろんこれらも組織を活性化させるいい施策であるけれど、根本治療ではない。なぜなら、これらが影響を与えるのは成員の意識と動機だけだからだ。やる気や情熱がなければ事はなせないが、やる気と情熱だけで苦境の克服を図るのは前時代的だ。組織が人数以上の力を発揮するには、個々人が相互に作用し合える仕組みが必要だ。

成長とは何か

成長とは何か、というのは極めて単純で簡素な質問であるけれど、質問と同程度に単純で簡潔には答えられないかもしれない。いろいろな考え方があるだろうし、環境や組織によっても差があると想像される。それでも、さまざまな組織の成長をひとくくりで記述するのであれば、それは「昨日できなかったことが、明日できること」であると考える。努力そのものの話ではないし、むやみに精神論に頼るものでもない。昨日できなかったことが明日できれば、これは成長だ。能力のこともあればやる気のこともあるかもしれないが、いずれにせよポジティブな変化であり、成長と呼んでいいものだ。逆に、もしできることに差がないのであれば、それはまだ十分な成長ではない。

なぜ明日になるとできるのか

では、なぜ昨日できなかったことが明日になるとできるようになるのだろう。一言で言えば、「資源が増えたから」である。正しいやり方が分かったか、支援を得られる方法を知ったのだろう。誰かに秘訣を教えてもらったのかもしれないし、自身や他者の失敗や成功からラーニングを得たかもしれない。

昨日できなかったのが単純に作業量の問題でないなら、何がしか知恵がついたからできるようになったのだ。これは、経験値などを含む広い意味での「知識」の獲得と言い換えてもいいだろう。こうした知識こそ、成長の主原料である。繰り返すが、この知識は書物などから得られる静的な知識のみを指すのではない。他部門のサポートを得られるようになった、といった組織の動かし方や、実践を通して体験的に得られる経験値といった動的なラーニングを含むものだ。

知識運用の要諦

こうした知識の管理運用はナレッジマネジメントの領域である。組織と個人の成長に大きく関与するので、組織構築や強化に際しては設計の中心に据える必要がある。組織構築とはすなわち、知識をいかに運用できる仕組みを作るか、でもある。組織にまつわる各種の主要資源、つまりヒト、モノ、カネについても「知識をいかに管理運用するか」という視点を持つと要点が見えやすい。

知識運用については「ＳＥＣＩ（セキ）モデル」という優れた概念がすでに存在する。個人が持つ暗黙知としての知識を他者と共有することで暗黙知を共同化（Socialization）し、それらを形式知として共有しやすく表出化（Externalization）し、既知の体系などに結びつけるなどして結合化（Combination）し、それらをベースにそれぞれが新たな暗黙知を獲得することで内面化（Internalization）し、またこれらの内面化された暗黙知を表出することで、次の次元に上がっていく正のスパイラルを描く様子を、モデルとして示してある。

このモデルは、知識が組織に共有される過程をうまく捉えている。加えて、以下の３点の仕組み化を意識すると効果的な知識運用につながる。すなわち、知識の収集、蓄積、そして流通である。

◉知識運用については「SECI（セキ）モデル」という優れた概念が存在する

知識運用を概念化した「SECIモデル」

（1）収集：知識を意図的に集めていく仕組み

洗練された組織では、新しいマーケティング手法などの実験予算を持っていることが珍しくない。マーケティング予算の3～5％程度をこの実験予算に当てておくことは、組織が新しい知識を収集するために大きな効力を発揮することが多い。マーケティングにおけるイノベーションなど失敗はつきものであるから、個別のブランドやマーケティングチームに全面的にその負荷を負わせるのではなく、別枠で用意しておくことでイノベーションは促せる。また、大きなプロジェクトについては、ビジネス上の目的に加えて、ラーニング目的などとして組織や個人の成長のための目的を設定しておくのも効果的だ。

（2）蓄積：知識の蓄積を担保する仕組み

これは必ずしもデータ蓄積のためにＤＭＰ（データ・マネジメント・プラットフォーム）やＣＤＰ（カスタマー・データ・プラットフォーム）を構築せよ、といった話ではない。その前にすべきことがある。そもそも、なぜ知識が散逸してしまうのか理解する必要がある。それは部屋が散らかっていてモノがなくなるのに近い。なぜ散らかるかといえば、モノが多過ぎるからかもしれないが、結果的に収納スペースがうまく機能していないからだ。知識についても同様である。収納棚がないから散らかって、散逸してしまう。経験を通して得られた知識をうまく蓄積するためにも、収納棚が必要だ。ＳＥＣＩモデルに即して言えば、結合化(Combination)を実現するものでもある。つまり、業務に必要な知識が体系化されている必要がある。

戦略とは何か、マーケティングとは何か、ブランドとは何か、消費者とは誰か。こういった基本的な用語を端的に定義し、それぞれの実行プロセスを標準化することで、知識を整理収納しやすくなる。ブランドを新しく作る際には何をすべきか。定期的な分析の際にはどのような手続きを踏むと効果的・効率的か。競合がマーケティング支援を強化しているときにどのように反応すべきか。何度も繰り返されてきた活動は標準化しておけば素早く反応できる。時間という有限で取り返しにくい希少な資源も有効に使える。

（3）流通：知識の流通を促す仕組み

具体的には、Aブランドの経験をBブランドが利用できることを指す。組織のあちこちで同様の失敗が繰り返されることを防ぎ、同様の成功を繰り返すことができるようになる。共通言語を持つことはその第一歩であるけれど、加えて、組織内の有機的なつながりを維持・強化することは意外と効果を発揮する。定期的にラーニングの共有会を開催したり、組織の成員がお互いを知る機会を設定したりすることは持続的に有効なことが多い。こうしたイベントは動機付けのためだけに存在するのではない。神経細胞が互いにつながって情報を伝達するように、組織内の情報流通を促進する。

知識主導のリーダーシップを実現しよう

ある企業で働いていたとき、リーダーシップについての素晴らしい考え方を知る機会があったので共有しておきたい。そのリーダーは「knowledge based leadership」という考え方を唱道していた。職位や階級、職歴といったヒエラルキー（階層）に従う発言力ではなく、消費者理解や市場理解、自分のブランドについての理解など、ビジネスの伸長に不可欠な知識レベルに基づく発言力を重視しよう、という考え方である。

離れた世代の消費者像をあまり詳しく知らない階位の人間の過去の経験や思い込みによる発言より、実態を子細に把握しているブランド担当者の意見をちゃんと聞こう、ということだ。同時に、知識がしっかりとしていなければ、議論はヒエラルキーや職歴に依存した発言に従うという傾向があるのも事実だ。消費者や市場、自分のブランドをよく知っていることが、健全な成長のためにとても重要な前提であることは、論をまたない。

18

なぜ組織が人材を育てることができるのか

マーケティング組織の持続的な成長のためには、次世代の育成は極めて重要な課題である。ひとかどのプロフェッショナルになるには1万時間を投入する必要があるともいわれるが、競争力のある道具立てを整えることで時間をかけずとも途上層の貢献を最大化できる。

うまくマネジメントすることができれば、ブランドは通常のアサインメントのサイクルは言うに及ばず、全キャリアや人間の寿命よりも長く存続できる可能性を持っている。であれば、ブランドチームの世代交代が起きることを前提とした組織管理をする必要がある。これはブランドマネジメント制に限った話ではない。マーケティング組織の持続的な成長のためには、次世代の育成は極めて重要な課題である。

組織の力で個人を成長させる

育成に際して、組織はどのような貢献をすべきであろう。強くなることは、広い意味での知識を中心とした資源をたくさん獲得することである。そして、組織が個人を成長させる要素もその資源の中に含まれているはずだ。そうした要素を理解するために、強い組織について、少し議論を進めてみよう。

一般的に、組織の成員を貢献度別に並べると正規分布を示すだろう。真ん中を平均的な人材とすると、上位1／3を優秀な人材と呼び、下位1／3を発展途上の人材と呼ぶことが多い。自社の発展途上層による貢献が競合の平均層がもたらす貢献と互角であるならば、それは優れた組織であると言えそうだ。同様に、平均が他社の優秀層と互角であれば強力な競争優位を生む。どうすれば、これを実現できるだろう。

生まれつき優秀という天才的な人々も少しだけ存在するかもしれないが、大多数の人材の貢献度合いには後天的なトレーニングや学習が大きく寄与すると考えるべきだ。例示するために便宜的に途上層として1年目、平均層として5年目、そして優秀層として10年目と想像してみよう。1年目と5年目、5年目と10年目を分けるものは何か。違いは年数に起因する経験や知識の蓄積である。10年目がようやく知ることは、最初の1年で学ぶには機会も少なく、難度も高過ぎる。

1万時間の法則とは？

ここでの議論は年功序列を支持するものではない。尊重すべきは年数以上に、年数に依存する経験値の蓄積量である。無為に過ごした10年に大した意味はないが、奮励努力した10年で得られるものには大きな価値があるはずだ。重要なのは年数そのものではなく、その間に獲得した経験値であり、知識である。ひとかどのプロフェッショナルになるには1万時間投入する必要がある、という法則がある。たとえマーケティング部門に所属していても、朝から晩までマーケティングに時間を使えるわけではない。メールを読んだり、定例の会議に出たりする必要もあるだろう。「その他」の作業はとても多いものだ。

そのような環境下でも、仮に毎日3時間をマーケティング業務に使えたとする。1年に250日働くと年間で750時間だ。加えて週に合計5時間ほどマーケティングについて勉強するならばプラス250時間。これで年間に1000時間をマーケティングに投入することになる。そうした生活を10年続けてようやく1万時間を超える。もし毎日6時間使うことができれば、6年半ほどで1万時間に達する。

いずれにしても、技能を習得するというのは大変なことだが、1日の勤務の中でマーケティングに投入できる時間を増やしたり、単位時間当たりの経験値習得の密度を高めたりすることで短い年数で成長することは可能だと思われる。

これは必ずしも1万時間を超えないとプロフェッショナルとして使えない、という意味ではない。プロフェッショナルとしての一つの目安を示しただけだ。1年目でも著しい貢献をもたらすマーケターは存在するので、念のため。

知識提供の機会としての組織

知識の提供方法は、実践的で効率的なトレーニングの提供といった直接的な育成だけではない。また、名ばかりのOJTでただ放置しているだけではあまり役に立たない。経験値などを含む知識が効果的に流通する仕組みを持つ組織は、人材の育成効率が高くなる。効率的な育成とはすなわち、年間（単位期間）の経験値を取得する機会を高めることである。経験の獲得で、大きな差が出やすい項目の一つが新人の育成である。担当マネジャーごとの差異を最小化しつつ、それぞれの新人の円滑なスタートを支援できるといい。

そのために、新人向けの研修をするだけでなく、各人のプロジェクトの難易度や得られる経験値の擦り合わせをしたり、新人を担当するマネジャーを定期的に集めて育成状況や成長課題を共有し、改善方法をアドバイスし合ったりすることは効果的だ。

また、各プロジェクトを担当する際に、プロジェクトが達成する目的だけでなく、どのような経験を通して何を学ぶか、どういったスキルを使えるようになるか、というラーニング目的を意識することもお勧めだ。前節でも述べたように、プロジェクトごとに、ビジネスの実績に加えて具体的な成長とスキルの強化を管理することができるようになる。

「自分の力で勝ったのではないぞ」

ある映画の中に、このようなセリフが出てくる。「自分の力で勝ったのではない

◉組織の成員を貢献度別に並べると正規分布を示す

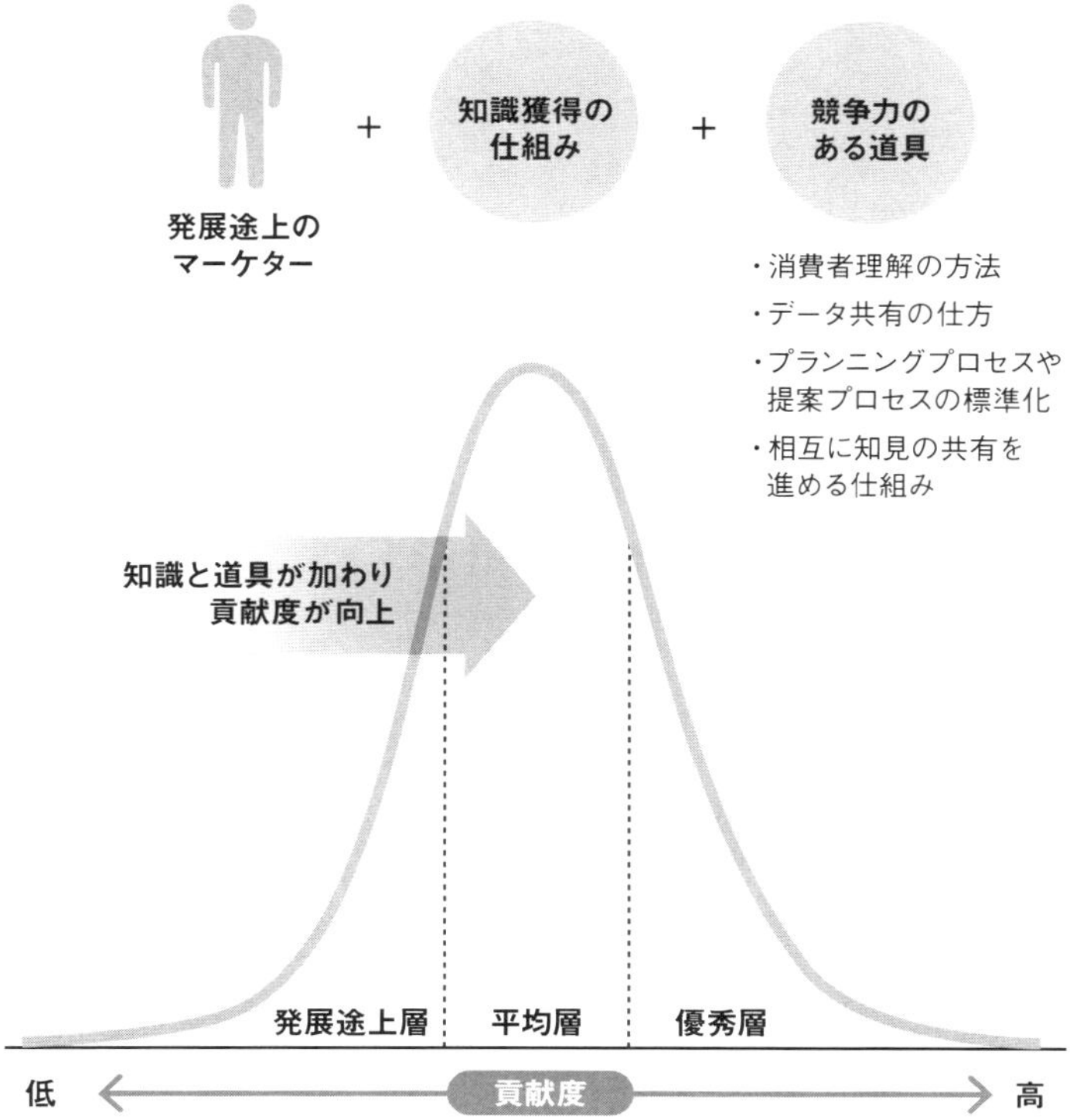

ぞ。そのモビルスーツの性能のおかげだということを忘れるな」。モビルスーツというのは、その映画に登場する人型機動兵器のことで、自分が強かったからではなく道具が良かったから勝ったのだ、と指摘される場面である。

マーケティング組織でも、優秀なモビルスーツのように競争力のある道具立てを整えることで、1万時間に達していない途上層の貢献を最大化することができる。道具によっては、短い経験年数でも熟達者と同様の成果を出すこともある。例えば、消費者理解の方法、データ共有の仕方、プランニングプロセスや提案プロセスの標準化、相互に知見の共有を進める仕組み、などを整えることで、新人でも能力を高め、発揮しやすい仕組みを用意できる。これは、組織の力量であるだろう。

また、そのように道具立ての整った環境下では、途上層のマーケターがそれぞれの能力に覚醒しやすいということも考えられる。なぜなら、それぞれのプロジェクトから得られる実践経験が豊かになるからだ。至って普通のプロジェクトが、滋養豊富なプロジェクト経験を提供できるものになる。本来1年かけないと得られない経験値を、3カ月で得られるようになる。強い組織はこうしたことを可能にする。マーケティング部門を率いる際には一考に値する概念なので、覚えておかれると役に立つことがあるだろう。

第4章

マーケティングのこれから

10
11
12
13
14
15
16
17
18
19
20
21
22
23
24
01

19 マーケティングのデジタル化とは何か

もし兵法で有名な孫子がタイムスリップで現代にやってきて今の社会環境になじんだら、企業や軍隊の有能な参謀になるだろうか。あるいは平家物語に登場する弓の名人、那須与一は弓をライフルに持ち替えて腕利きのスナイパーになるだろうか。ひょっとすると葛飾北斎は希代のCGアーティストになるだろうか。

彼らは本質を体得しているはずだから道具の変化に対応できる、という考え方がある。弘法は筆を選ばない。多分、孫子も那須与一も北斎も、道具を選ばない。反対意見も存在する。それぞれの能力を発揮するには固有の道具が必要で、道具が変われば彼らの能力も凡庸なレベルになるだろうというものだ。

実験できないので正解も提示できないが、それぞれの主張はマーケティングにおける諸活動と技術（道具）の関係をどのような視点で見ているかを示していて、興味深い。後者の視点が示すような、道具に依存した形でのみ発揮できる能力というのは、少々もったいないように思われる。さらに言えば、お気に入りの筆以外でも筆を選ばない弘法は素晴らしいが、多様な「筆」が開発される現代の環境下では、目的に対して最適な筆を選べる弘法こそが目指すべき姿かもしれない。

プロフェッショナルとして社会に貢献するためには、本質を体得したいものであると思う。道具の習得に終始するのではなく、目的を達成するために効果的に道具を選び、使えるようになるべきだ。将棋の名手が、チェスも上手だと聞くこともある。将棋の名手は競技の本質をつかんでいるので、桂馬もナイトも両方うまく扱えるのかもしれない。

デジタル技術がもたらすものとは？

生活のデジタル化を通して、消費者のブランド体験をより包括的かつ端的に数値で理解できるようになった。データは表層的には数字の集合であるけれど、本質的には消費者の行動や体験、認識を数値化したものだ。新しい種類のデータが入手できるということは、新しい視点での消費者理解が可能なことを意味する。新しい種類の望遠鏡、例えば赤外線を受光するような望遠鏡を手に入れることに似ているだろうか。今まで見えなかったものが見えるようになる。新しいインプットは、今までと同じ脳みそにも新しいアイデアをもたらし、斬新な活動へとつながる。こうしたデータは、天才性を持つ一部の人にしか見えなかったものを我々に見せてくれる可能性がある。

新しい種類のデータや技術を入手したときに肝要なのは、それらを通して人間理解の本質に迫ることだ。本質に近づいてしまえば、道具の変化には対応しやすくなる。道具のみに執着してしまうと、道具が変化するや否や、自身の貢献の度合いが急落しかねない。

技術が新しくなるのは世の常だ。技術をよく知ることに加えて、それらが目的の設定や資源の評価にどのような影響を与えるか、そして自身の能力がどのように強化されるべきか、見極められるのが「最適な筆を選べる弘法」であるだろう。

マスマーケティングとは何か

デジタルがもたらしたものをよく理解するために、その母体と思われるマスマーケティングの概要を理解しておいてもよさそうだ。マスマーケティングとはテレビを使うことだとか、大衆向けに大量生産して販売する手法だと認識されることはよくある。

やっていることを見ればおおむねそんなところだが、「大衆向けに大量」というのは、ただの手段や制限項目でしかない。消費者理解や個客という考え方が生まれて以降は特にそうだ。個々の消費者に向けたコミュニケーションの効率が悪く、あるいはその方法もなく、計測もできなかった。そして、個々に最適化した製品を開発し、製造し、配送する手段もないので、似たような傾向を持つ消費者層を対象セグメントとして狙っていた、と理解できる。

消費者理解がマスで、製造・流通もマスであれば、マーケティング活動がマスになるのは必然でもあるだろう。同時に、高度経済成長の延長線上にあった時期においては、年代・世代別にかなり似たライフスタイルだったという時代背景も、マスマーケティングの浸透に貢献したと思われる。マスマーケティングがマスであったのは、マスを企図したというよりも、マスしかできず、同時にそれがマーケティングをするのに高効率だったからだ。当時から消費者の期待をよりよく超える、という意図は変わらないが手段が変わってきたのだ。

デジタル技術の進歩が招いた憂慮すべきこと

マーケティングにおけるデジタル化は、消費者のデジタル化と、マーケティング技術やサービスのデジタル化の2つの要素が存在する。前者はコミュニケーション手段の細分化を招き、マスコミュニケーションに使われる時間も、払われる注意も少し薄まった。同時に、SNSなどを通してコンテンツの創造者が爆発的に増加した。有名動物写真家が撮るのと同様のクオリティーの猫写真を、世界中の何万人もの猫好きによる大量の作品の中に見つけることができるかもしれない。これらは、自然発生的メディアとして、大量の個人による再配信で広く伝播される。マスメディアの終焉というほどではないけれど、確実な変化ではある。

同時に、デジタル技術の進歩は指数関数的なデータ量増加を生んだ。アナログ機器ではできなかった計測が、できるようになった。新聞のどの記事がどれだけ読まれたかを全量計測することは無理だったけれど、デジタル化された記事であれば可能だ。とはいえ、人力での収集・分析といった前世代の処理方法に依存していては、急激な作業量の増加につながる。

消費者の行動や認識を数値に置き換えたのがデータであるけれど、必ずしもそのままで役に立つとは限らない。例えるなら、生で食べられるわけではない食品だ。それぞれの文脈で収穫された数値であるデータを整理し、利用しやすく下ごしらえ的な加工をする必要がある。その後、分析され、活動に利用される。生の食材がきれいに洗われ、下ごしらえされたあと、調理され、料理となって食卓に供されるのに似ている。

新しい食材に対してさまざまな調理方法が試されるように、新しい手法で得られたデータの調理法も、いろいろな処理が試されるだろう。下ごしらえに意外と手間がかかることは、データ分析に直接関与する人たち以外にはあまり知られていない。計測可能な行動や認識が増えたことにより下ごしらえ作業も増え、デジタル分野がむしろ労働集約的になってきた点は憂慮すべきだ。

時間資源と人材は有限であることから、機械化で処理速度を上げるか、分析項目を素早く限定する方法を見いだす必要があるが、研究と実践は始まっているようだ。近い将来、マーケティング領域で多様かつ大量のデータを扱う環境は大きく変わっていくだろう。そのとき人間のマーケターには目的を明示し、マーケティング活動全体の設計図を描き、関与者をまとめていくことが期待される。

20
なぜ「20代女性」がターゲット消費者なのか

極めて有能な手練れのマーケターともなると、訪問調査で玄関に入っただけでどの洗剤ブランドを使っていそうか、8割方、分かるという。洗剤ブランドの選択と玄関の風情という2つの項目が、共通する何かの結果になっているからだろう。それは、人生の価値観とか、生活の信条とか、ライフスタイルと呼ばれるものかもしれない。靴のしまい方、玄関の置物、収納の仕方などにも、それらが影響を与え、同じように洗剤ブランドの選択にも影響を与える。

このレベルに達したマーケターは極めて限られたごく一部でしかないけれど、これは生まれつきの超能力というよりも、繰り返し鍛えられた消費者理解のたまものであるだろう。特定の製品カテゴリーのみに偏向した消費者理解ではなく、広く深く人間を洞察しているからこそ、できることだ。

もし、人生の価値観や生活信条がブランド選択に影響を与えているならば、それらを理解することで、消費者が望むベネフィットを提供しやすくなりそうだ。マーケターにとってはマーケティング予算の投下効率が上がり、消費者にとっては時間や手間といった情報検索コストが下がる。マーケターは消費者が望むはずのものを提供でき、消費者は自身の趣味に合ったものを購入できる。

テレビCMは「幕あいの寸劇」か

情報の氾濫が収まる気配はない。接触可能な情報量の増殖はとどまるところを知らないが、我々が実際に摂取できる情報量は限られている。文字や映像を理解するために必要な時間も精神力も、共に無限ではない。広告を見なくなったという嘆きを聞くようになって久しいが、そもそも見ていたのは広告ではなくテレビ番組や雑誌記事の合間を埋める「幕あいの寸劇」だったようにも思われる。15秒や30秒のテレビCMフォーマットにのっとった動画作品や、雑誌サイズに切り取った写真作品を、エンターテインメントとして見ていたのかもしれない。

テレビCM全盛の時代に、短い動画は他になかった。美しい写真を見る手段も雑誌以外にはあまりなかった。今はそうではない。ネット上に動画も写真もあふれている。その結果、広告に接触してもらうことはできても、ちゃんと理解してもらうことがまれになった。そもそも、我々は「広告」を見ていたのではない可能性がある。効果的な広告をつくるためには、この点を考慮してもいいかもしれない。

ブランドのメディア化に必要な大義や理念

マーケティング活動における消費者の解釈は、時代とともに変化してきている。消費者はもともと「消費をしてくれる人々」なので、その意義は消費金額にあった。その後、消費者は「ブランドを推奨してくれる人」という解釈が追加されてきた。加えて、情報氾濫が続く現代においては、「ブランドの話を聞いてくれる人」という側面も重要になっているだろう。

つまり、ブランドは愛用者を聴衆とするメディアになり得る。自身の人生の価値観や生活信条と一致する大義や理念を掲げるブランドが発信する内容であれば、話を聞いてみたいかもしれない。それらのブランドが、他カテゴリーで同様の価値観を持つブランドを推奨するのであれば、試してみようという気になるだろう。情報検索コストを下げられるし、自身が満足できる可能性も高い。

マーケターにしてみれば、大義や理念を通して新しく消費者とつながることができる。自ずと高いLTV（ライフ・タイム・バリュー）が期待できそうだ。強力なブランドはロイヤルなユーザーベースを構築でき、いずれメディアとしても機能することになる。DMP（データ・マネジメント・プラットフォーム）やCDP（カスタマー・データ・プラットフォーム）の進歩と洗練が、この傾向を促進するだろう。データによる消費者の詳細な理解は、いずれそれぞれの価値観や信条の理解につながる。そしてブランドの理念との一貫性や、ブランドのメディア化に影響する。ブランドは共感しやすい大義や理念を持つ必要がある。

年齢・性別セグメンテーションの後退

これらの価値観や信条に基づいた消費者理解をするに当たって、年齢・性別によるセグメンテーションは時代錯誤感を否めない。消費者のデジタル化に呼応してマーケティングのデジタル対応が激しく進んでいながら、いまだに「20代女性」といった消費者定義でマーケティング計画を立案しているのは、不思議な感じがする。

1970~80年代のマーケティング黎明《れいめい》期、高度経済成長の世の中で消費者が今よりもずっと均質的であった時代の産物が、「年齢と性別」によるセグメンテーションだったはずだ。当時は、この2つの消費者属性が大きな影響力を持っていた。年齢に応じてライフステージが変わり、それぞれに典型的な消費モデルが設定できた。多くの人が、年齢に応じて均質性の高いライフスタイルで暮らしていたからだ。

個々人の多様化が進んだ現代ではそうはいかない。20代女性の中には実家に同居する大学生から、2人の子供を育てる主婦まで含んでいる。80年代でも同様であったけれど、その多様性は今ほど大きくはなかった。経験豊富なマーケターであれば、20代独身就労女性、20代子育て主婦、40代独身就労女性、40代子育て主婦の4者を消費傾向が似ている2つのグループに分けるとき「20代と40代」よりも「独身就労と子育て主婦」に分けるほうが的を射ていることを知っている。年齢よりも、独身就労か子育て主婦か、といったライフスタイルや生活信条に直結しやすいグループ分けのほうが実践的に意義深い。

もし直感的に「20代女性」をターゲット消費者に設定したいと思ったときには、「なぜ20代なのか」を自問してみるといい。「20代」が気になった理由は人生経験が短いことか、むしろこれからの人生が長いことか、学校など帰属するコミュニティーが限定的であることか、社会で先輩のほうが後輩よりも多いことか、都市生活者である可能性や収入のレベルの傾向か、結婚・出産など特定のライフステージを意識しているのか、あるいはデジタルリテラシーを重視しているのか。

これらを理由に「20代」を志向するのであれば、年齢ではなくこうした消費者属性を記述するほうがターゲットの価値観や信条を理解するうえでも効果的だ。デジタル化した消費者を子細に理解・計測できるようになった現代のマーケティングでは、ブランドのメディア化などに対応するうえでも重要な考え方である。

21

ブランドを定義しているか。ブランドホロタイプ・モデル

消費者がスマートフォンなどのデバイスを通して〝デジタル化〟した結果、行動や認識をデータとして子細に把握できるようになり、そのデータを使って新しいマーケティング施策やサービスが提供できるようになった。ここに機会を見いだした大小のテクノロジー企業がマーケティングサポート分野へと参入し、関連する技術革新がこの傾向に拍車をかけている。

業界のカオスマップは毎年大きく更新され続け、総合的な代理店1社に全マーケティング活動を依頼するのではなく、複数の専門代理店やプロフェッショナルと協働する状況が進みつつある。同時に、あまり本質的ではないKPIの数値に固執したり、せっかく導入した新技術があまり使われなかったり、ということも起きている。大いに複雑化した環境下でのブランドマネジメントには、「ブラ

ンドの定義書」と「パーセプションフロー・モデル」という2枚の設計図が重要になる。

変化しないものと変化するもの

消費者のライフスタイルはデジタル化によって大きく変化しているものの、本質的に変わらないものを忘れるべきではない。例えば認識の在り方である。三大宗教の経典は紀元前後に書かれているけれど、今でも多くの人々に影響を与え続けている。人間の認識や感情の仕組みが、さほど変化していないことの証左であろう。

これはマーケティングやブランドマネジメントの考え方にどのような示唆をもたらすだろうか。マーケティングは属性順位の転換を通して「いいクルマ」や「いい洗剤」など「いい○○」を定義し、市場を創造・再創造する。ブランドマネジメントは固有の大義や人格、ベネフィットなどを中心とした「意味」を構築する。「いい○○」も「意味」も消費者の認識に立脚しているので、手段やアプローチなどの「やり方」が変化しても、根本的な役割は変化しないと考えられる。

同時に、変化し続けるライフスタイルやテクノロジーから目を背けるべきではない。消費者のデジタル化に端を発して、マーケティングの実践を取り巻く環境が急速に複雑になってきている。新しく利用可能になった手法やサービスを自ブランドの資源として使えないと、競争上の不利益にもつながる。混沌とした環境下でブランドを持続的に成長させるには、変化しないものと変化するもの両方についての理解が不可欠だ。片目で本質を凝視しつつ、片目で変化を追わなくてはならない。

マーケティング活動に必要な2枚の設計図

多様化し複雑化した状況には、記録し図示することで対応しやすくなる。多くの関係者との迅速かつ的確な意思疎通を促すためにも、有限の資源で目的を達成し再現性を確保するためにも、マーケティング活動には設計図が必要だ。その1枚目はブランドの在るべき姿を示す「ブランドの定義書」、2枚目はマーケティングの諸活動を示す全体設計図としての「パーセプションフロー・モデル」だ。例外的に、天才が自ら指揮を執る場合には不要かもしれないが、ブランドが天才個人への属人性に縛られることになりかねない。時に人の寿命よりも長く存在するのがブランドであることを考えれば、個人への依存は長期的には望ましいものではない。

定義書に書くべき8つの項目とは

ものづくりでもサービスでも、ブランドマネジメントをする企業の多くはブランドを定義するフォーマットを持っている。一社に複数のフォーマットが存在することもあるが、フォーマットは共通言語なので統一したほうがいい。手元に「ブランドホロタイプ・モデル」と呼ぶフォーマットがあるので、これを基に概要を見てみよう。ちなみに、ホロタイプというのは生物種の名前のよりどころとなる正基準標本のことである。ブランドホロタイプとしてブランドの正基準標本となる要素を定義することで、多面的な活動に一貫性を保ちやすくなる。

（1）大義：ブランドが何のために存在しているのかを示し、4つの具体的な要素を内包する。まずは「Vision」で、ブランドの理念と理解してもいい。ブランドが実現したい世界を描写する。ついで「Mission」は、Visionを達成する際にブランドが担うべき使命を示す。そしてMissionを達成する際に尊重すべき行動様式や価値観を「Value」として明記すると、ブランドの活動に人格的な一貫性を保ちやすい。もし複数ブランドをポートフォリオで管理しているなら、ブランド固有の役割を「Role」として記述しておくと、他のブランドと連携しやすくなる。

（2）市場／競合：2つの視点から記述する。1つは一般的な「製品カテゴリー市場」で、万年筆市場、筆記具市場などがこれに当たる。もう1つは「ベネフィット市場」で、ジョブやベネフィットに基づいたソース・オブ・ビジネス（Source of business）を競合と設定し、競争の場を市場とする。万年筆であれば知的なギフト市場だし、スマホのニュースアプリであれば通勤電車の暇潰し市場だろう。

（3）ターゲット消費者：ターゲットとする消費者群を2段階に分ける。1つは長期的な「ブランドターゲット」で、中長期にわたる対象グループ。もう1つは「プロモーションターゲット」で、特定の施策や新商品導入時に限定的に訴求する対象者グループ。こちらはブランドターゲットの一部を規定する。例えば、「運動部に所属する中学生・高校生」がブランドターゲットであるときに、「新しく部活動を始める中学1年生と高校1年生」をプロモーションターゲットに設定する、などがある。「20代・女性」といった年齢・性別に終始しないことは、データで消費者理解をする際の注意事項の通り。

（4）ベネフィット：消費者が購入するもの。だから主語は消費者で、ブランドが主語になる機能や性能と区別することが重要だ。洗剤が汚れを落とすという機能によって、私がどうなれるかが「ベネフィット（便益）」となる。

（5）エクイティ：ブランドが独占的に保有したい「意味」。ベネフィットや機能と強く関連した内容となるが、「ブランドの意味」なので主語はブランドである。ブランドエクイティが強力だと、諸活動の効率が上がり、利益が大きくなりやすい。

(6)パーソナリティー：ブランドの擬人化か、スポークスパーソンを設定するという方法で考えられたブランドの人格。さまざまな接点でブランド体験を提供する際、人格を通して一貫性を担保しやすい。ブランドへの信頼や愛着の主要素ともなり、Valueの体現者でもある。

(7)アイコン：ブランドが長らく使ってきて、失うべきではないと判断した記号や色、デザインなど、知覚できる特徴。アイコンが強力だと、各接点での効率が上がる。

(8)機能／性能：ベネフィットを提供し、エクイティを体現するための性能など、物理的要件や機能的な特徴。ベネフィットとの混乱が少なくないが、ベネフィットは主語が消費者であるのに対して、機能の主語はブランドである。

◉ブランドの定義書である「ブランドホロタイプ・モデル」

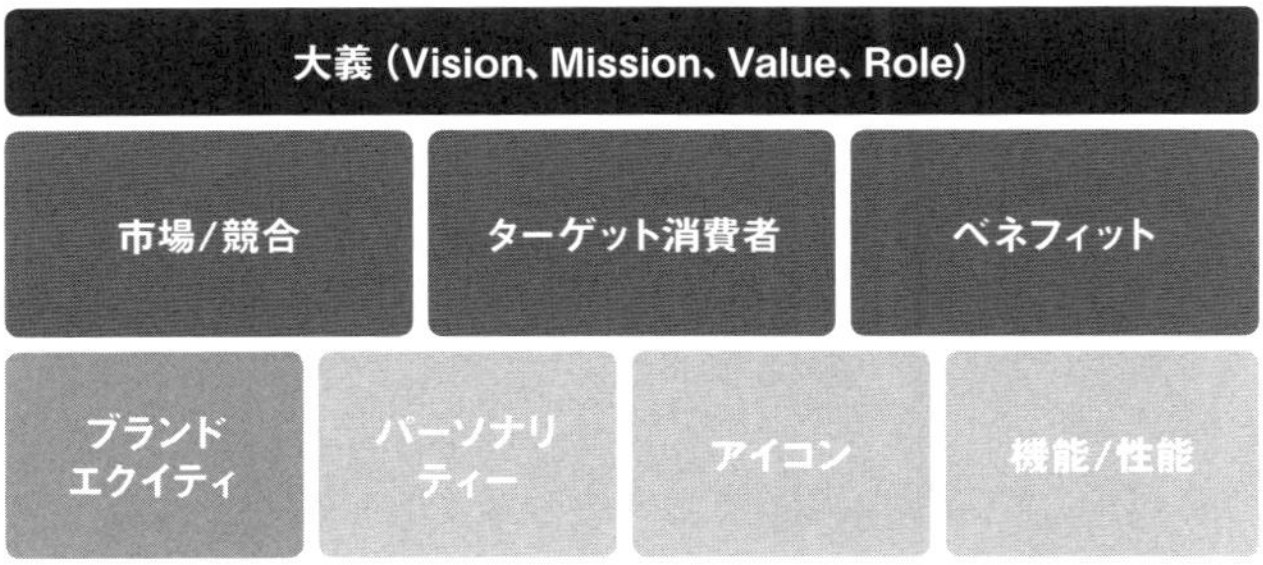

ひとたびブランド定義書を通してブランドを定義できれば、しばらく（少なくとも数年）は変えずにいる覚悟を持つことを勧める（プロモーションターゲットはもう少し頻繁に変わるかもしれない）。そのためにも、消費者やブランドをよく理解したうえで作成作業に入ることが必要だ。また、強力なブランドを作るにはマーケティング部門が指揮を執りつつも、研究開発や営業、物流、財務に至るまで、各部門と密接に協働する必要がある。全社で共有できるものであることが不可欠だ。8項目すべてが浸透する必要はないが、大義、市場、ターゲット消費者、ベネフィットの4項目は十分に浸透させることが望ましいだろう。

22

マーケティング活動の設計図を描いているか。パーセプションフロー・モデル

パーセプションフロー・モデルとは、消費者の認識変化を示したマーケティング活動の設計図である。ブランドホロタイプ・モデルが目指すべきブランド像を示すのに対し、パーセプションフロー・モデルは活動の全容を示す。

まずは、「目的」ありき

テンプレート右上には諸目的を記入する箇所がある。すべてのマーケティング活動と同じく、明瞭・明晰《めいせき》な目的の解釈から始めたい。一連の活動の目的を記述する際には、「売り上げ10億円」とか「利益2億円」といった大枠の目的を解釈し直して「10万人の新規ユーザー獲得」とか「既存ユーザー10万人の使用量を50％増

加」など、マーケティング活動が直接的に担うべき役割から解釈し直すことで、活動と目的の一貫性を確保しやすい。

単位が「円（売り上げ、利益）」から、「人（ユーザー数）」や「回数（使用頻度）」、「グラムやリットル（使用量）」などに変化していると、解釈がきちんとなされているかどうか確認する簡便な指標となるだろう。また、適用する地理的なエリアやターゲットの人数に加えて、ラーニング目的も記述する。一連の活動を通して、我々がどのような経験値や知見を得るのか明示しておくことで、活動ごとに知識を得て組織が強化されていく仕組みづくりの一環となる。

「満足」段階を満たすことが肝

パーセプションフロー・モデルは一般的に現状からスタートし、認知、興味、購入、使用を経て、満足、再購入、口コミといった経路をたどる。案件によってはその段階が増えたり、減ったりすることもある。ＡＩＤＭＡやＡＩＳＡＳといった消費行動モデルが知られているが、「満足」を入れている点が特徴の一つと言える。この段階があることで、満足を創出するために製品やサービス体験が確実に期待を超える状況を設定し、能動的に影響することも可能になる。

そして、それぞれの段階に対して消費者にどのような認識を抱いてもらうべきか、デザインしていく。基本的な順番としては、まず現状を示し、次いで購入時に何を感じどのように認識するかを想定する。それから、重要な段階である満足、再購入、口コミの動機などを設定した後、間を論理的に埋めていく。

消費者は常に論理的に考えているわけではないものの、その行動は自然現象である以上、集団で見た場合には論理的に説明可能であるはずだ。その後、相対する行動を記述する。

この一連の作業をこなすには相当な消費者理解を必要とするが、ブランドマネジメントにおける消費者理解に十分過ぎるということはない。徹底的に消費者目線になれるだけの人間理解なくして、そもそもブランドマネジメントなどできるものではないというのは普遍的な事実である。

「知覚刺激」はテレビ広告ばかりではない

現実的に想定される認識の変化を描くことができたら、それぞれの認識変化を実現するためのメッセージや体験を記述する。これらの認識を変化させるためのさまざまな知覚上の刺激物を「知覚刺激」と呼ぶ。広告コミュニケーションかもしれないし、施策の案内かもしれないし、店頭体験や製品体験、家族や友人との会話のこともあるだろう。この段階の注意点は、既存の施策ありきで書かないことだ。ついテレビ広告とかイベントとかネット動画などの活動を前提として挿入しがちであるけれど、それでは消費者の認識中心ではなく、企業側の意図中心になりかねない。

認識を変化させるための知覚刺激が出そろったら、それぞれの知覚刺激を提供するメディアとして最適なものを選ぶ。規定のフォーマットにはペイド、オウンド、アーンドに加えて「その他」という欄がある。一般的にはペイド、オウンド、アーンドで全活動が完結できるはずであるけれど、「その他」を設定しているのは製品そのもの、パッケージ、自社の店頭などを明確にメディアとして捉えるためだ。これらはオウンドメディアでありながら、そうした理解は広く浸透しているものではない。製品など重要な消費者体験に特別な注意を払うためにも、「その他」のメディアを積極的に意識できるといい。

一通りのパーセプションフロー・モデルが完成したら、それぞれの段階にＫＰＩ（重要業績評価指標）を設定しておく。ＫＰＩは露出量などメディアに関する場合もあれば、認識変化の質や量の度合いを％で示すこともあるだろう。

カスタマー・ジャーニー・マップとの3つの違い

パーセプションフロー・モデル同様、消費者視点でマーケティング活動の全容を可視化し俯瞰する道具として「カスタマー・ジャーニー・マップ」がある。それぞれ、時代に合わせて進化しつつ、20年近く実践に供され続けてきている。消費者の購入や愛用、口コミなどの経路を示すという構造は似ているが、一般的なカスタマー・ジャーニー・マップと3点の違いがある。

（1）カスタマー・ジャーニー・マップが４Ｐのプロモーション（コミュニケーションや施策）とプレイス（流通チャネル）に注目した「行動と接点」の記述であることが多いのに対し、パーセプションフロー・モデルはプロダクト（製品）やプライス（価格）も包含したすべての４Ｐ要素による「認識の変化」を中心としている。

（2）カスタマー・ジャーニー・マップが「現状の記述」であるのに対し、パーセプションフロー・モデルは「これからの全マーケティング活動の設計図」（未来の記述）である。前者は過去から現在に基づいた活動の最適化を促し、後者は未来の計画立案をもたらす。特に、属性順位の転換をして「いい○○」を再定義する市場創造には不可欠なものとなる。

（3）カスタマー・ジャーニー・マップはカテゴリーごとなので競合でも似たものになるのに対し、パーセプションフロー・モデルはブランドごとなのでブランドに固有のものになる。前者はカテゴリー内での相対的な弱点を把握するにも適する。対して、後者はブランドに固有の意味を構築するブランディングの設計に必要である。

両者の違いを大まかに例えるなら、カスタマー・ジャーニー・マップは現存する建物を計測して作った見取り図で、パーセプションフロー・モデルはこれから建てる建物の設計図である。現状の改善にはカスタマー・ジャーニー・マップ、市場創

◉一般的なカスタマー・ジャーニー・マップとパーセプションフロー・モデルの違い

	カスタマー・ジャーニー・マップ	パーセプションフロー・モデル
注目点	・「行動と接点」が中心 ・プロモーション（コミュニケーション）とプレイス（流通チャネル）が中心	・「認識の変化」が中心（行動や接点も含む） ・プロモーション、プレイスに加えてプロダクト（製品）、プライス（価格）を含む4P全域
時制	・過去から現在の記述 ・現状の不満解決や取りこぼし対策に貢献	・現在から未来の記述 ・市場創造やブランドの意味構築に必要
カテゴリーとの関係	・ブランド固有というより、製品・サービスカテゴリーごと	・ブランド固有なので、ブランドごと

造にはパーセプションフロー・モデルと、必要なステージや使い道が違うので、両方とも習得しておくと心強い。

他部門やパートナーと連携するための設計図

企業がメディアや購入場所といった接点で消費者を囲い込んでも、気持ちや認識が動かなければ購買行動を起こすことは難しい。人は興味を持ったものを欲しいと思い、欲しいと思ったものを買うのだ。いいものを作ることは必要条件であっても十分条件ではない。いいものだと認識されなければ購入意向につながらないことは、意外と忘れられがちな事実でもある。

パーセプションフロー・モデルは、消費者の認識変化に着目したマーケティング活動の全体設計図だ。コミュニケーションなどの施策だけでなく、製品開発や価格政策など4P全域にまたがる包括的なブランディング活動や、市場創造のためのマーケティングマネジメントに不可欠である。

全体設計図を描いておくことで、他部門や多様な新技術、複数の代理店をうまくオーケストレイト（統合）しやすくなる。ピアノソロなら楽譜がなくてもいいかもしれないが、何十人もの奏者を擁する交響楽団を指揮するためには相応の楽譜が必要だ。新しいマーケティングサービスも、全体設計図があれば認識変化のどの部分を担当してもらえばいいか分かりやすい。担当する役割が明確であれば、新技術を導入したのに使っていないといったこともなくなるはずだ。

製品体験は極めて重要なブランド体験

パーセプションフロー・モデルに従うことで、代理店や他部門向けのブリーフィングは一貫して、そして協調してブランド体験を提供するように設計できる。オンライン・オフラインのクリエイティブ、同じくメディアプラン、パッケージデザインから製品設計、店頭の経験や支払いに至るまで、すべてがブランド体験である。

その中でも製品設計はマーケティングとは独立した機能だと理解されることが多いが、製品体験こそ最も重要なブランド体験と言っても過言ではないだろう。マーケティングの全体計画の中で設計された製品は、その他すべての活動と連動し、製品機能が設計通りの性能を発揮することで想定通りの上質なブランド体験につながる。作ったものを売るのではなく、ブランド体験を提供するものを作るのだ。

製品開発における効果はそれだけではない。例えば、美容クリームのクリームそのものの色や、クルマのドアが閉まる音などといった知覚可能な製品属性はブランドの知覚品質に大きな影響を与える。消費者にとって無意識であるし、研究開発部門が管理することが多い項目なのでマーケティング担当者が注目しないことも多い。しかし、これらは見えにくいが重要な資源だ。消費者調査でもなかなか言及されないが、使用時の満足や購入意向に影響していることも少なくない。

全体設計図があれば、こういった資源をうまく活用できることに気づけるし、そのすべも見つかるだろう。同様に、価格やオンライン・オフラインの購入接点についても、どのような認識変化を促すか明示することで、マーケティング活動の全体最適につなげられる。

製品分野の異なるブランド間で学びを共有

実行の側面から観察すると、キャンペーンの実行中にラーニングを取りやすくなる（学びを得られやすくなる）ので、計画の修正やラーニングに基づく知識の蓄積もしやすくなる。製品カテゴリーの異なるブランド間でのラーニングの共有は大きな機会でありながら、実践できる組織は極めて少ない。パーセプションフロー・モデルという共通言語を通すことで、それぞれの経験値が流通しやすくなる。スキンケアブランドのラーニングをシャンプーで使うことも可能になる。

また、計画の全容が俯瞰できることで、堅牢《けんろう》な戦略の構築と一緒に権限委譲にも大きく貢献する。複数ブランドをポートフォリオで管理するＣＭＯなどのマーケティングリーダーは、直接すべてのマーケティング活動で陣頭指揮をするわけではない。艦隊の指揮官は各艦の砲塔に直接指示を出すことはない。とはいえ、全容を把握する必要はある。明瞭な戦略と、各ブランドのパーセプションフロー・モデルに集中し、掌握しておけば、実行と市場への対応については大きく権限委譲することが可能になるだろう。

1つの設計図で多様な消費者の対応ができるか

現状を理解するためには複数の経路があるはずだ。しかし、パーセプションフロー・モデルは未来の「設計図」であるから、最も効果的・効率的な想定を1本描いておくことで効果を発揮できることが多い。現実的には複数の経路が発生してくるので、事後的に現場に合わせて修正を加えることも正しいだろう。事前にすべてを見通しきることは簡単ではない。釣り師が1匹目の魚からその日の釣り方のヒントを得るように、商品の初動から学ぶことは多いはずだ。

「考えていないで、アクション中心で行こう」とか、「下手の考え休むに似たり」という掛け声が飛ぶ組織がある。休むのと大差のない程度の思考力しか持ち合わせないのであれば、活動と修正を繰り返すのは一つの解決策だろう。もし休む以上の思考力があるなら、考えてから活動するほうが圧倒的に効率的だ（そして、我々のほとんどは後者だ）。行き先も分からずにむやみに走ったところで、そうそう当たるものではない。持続的に成功するためには、目的地を確認し、方角を定めてから走るべきだ。

では、どの程度まで「考える」ことに時間を使うべきだろう。もしそのマーケティング活動の全予算が1億円だとしたら、その効率を最大化するのに3％分を考えることに使うのは無駄なことではなさそうだ。建築業界では、設計部分

◉パーセプションフロー・モデルのテンプレート

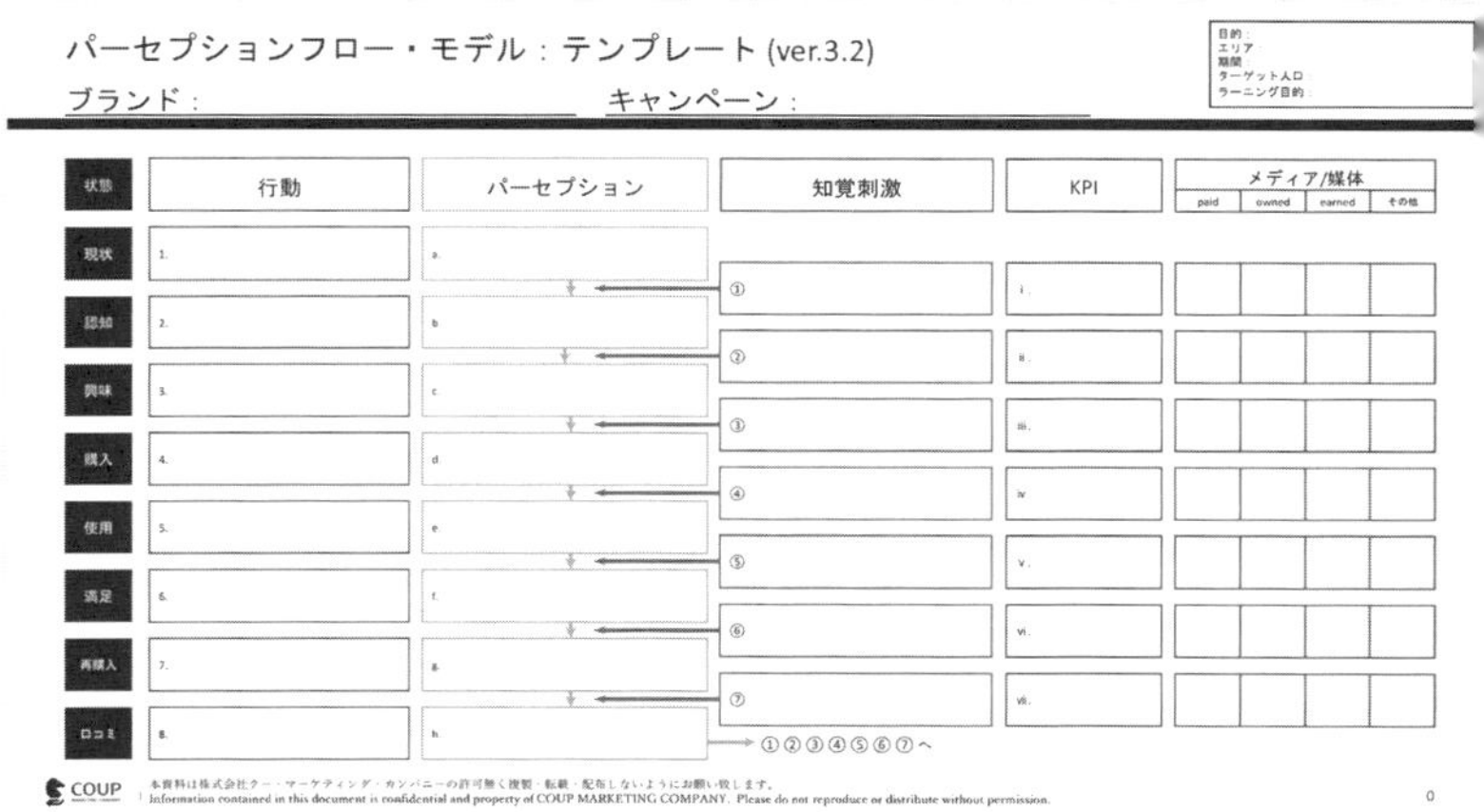

が全費用の3%という相場があると聞いたことがある。1億円の予算であれば300万円分だ。主要メンバーの時間当たり人件費を概観した時に、総和でざっと300万円分までは全体設計を考えることに使える計算になる。かなりの時間になるだろう。

仮に1時間当たりの総合的な人件費1万円の人材が3人で臨むならおのおの100時間、実労働日にして2週間以上に相当する。時間当たり人件費が5000円なら丸々1カ月考えてもお釣りが来る。じっくり考え、不測の事態にも耐えられる計画を作るのに十分ではなかろうか。もちろん、必ずこれだけの時間を使わなければならない、というわけではない。短い時間でできるなら、それに越したことはない。

施策ありきの活動にまい進したり、微修正だけで過去を踏襲したりといった活動に資源の大半を投入するのはもったいないように思う。テクノロジーや代理店など利用可能な資源が刻々と変化しているのであれば、それらをうまく使えるマーケターが戦略的な優位を確立していく。全体設計図があれば、多様な資源をうまく使いこなす体制を整えやすい。

相応の時間を使って全体設計図を考えることとは、走り始める前に目的（＝ゴール）を確認し、道順を確認することだ。全関係者が全力で走るためにも、重要なプロセスだと言えるだろう。

23

ベネフィットで感情を喚起するために、何を考えればいいか

ブランドが立脚すべきは製品やサービスの機能や性能というよりも、それらを通して提供されるベネフィットである。以前よりも浸透してきた概念であるのは素晴らしい。そして、ベネフィットを伝える際には感情と関連していると受け入れやすく、記憶に残りやすい。

あまり知られていないことであるけれど、ベネフィットで感情を喚起する際に忘れるべきではない重要な経験則がある。一般的に、人と人の関係の変化を見せることは聴衆の感情を大きく揺さぶる。ブランドの機能や性能をもって人と人の関係にポジティブな変化をもたらすことができれば、感情の喚起と共にベネフィットを示すことになる。我々は消費者である以前に人間で、人間は人の間にある。

消費者の感情は他者との関係のなかで大きく動く

人の行動は理性だけではなく、多分に感情的な理由に依存することが少なくない。感情の起伏や作用にはいろいろな考え方があるが、マーケティングやブランディングにおいて覚えておくべきことは、「消費者の感情は他者との関係の中で大きく動く」ということである。

我々が消費する消費財やサービスのほとんどは、無人島で1人で生活していたら不要なものばかりだ。自身の消費を振り返ったとき、他者やコミュニティーを意識しない消費はどれほどあるだろう。多分、ほとんどない。普段はあまり認識しないかもしれないが、家族や会社の同僚、電車で乗り合わせたり街で擦れ違ったりする見知らぬ人たちの存在、学校や趣味のサークルといったコミュニティーに帰属していることが買い物に大きな影響を与えている。

一部の衣食住など、個体の物理的な生命維持に不可欠な物品・サービス以外は、我々は他者やコミュニティーを前提としてモノを買い、サービスを消費する。そして、他者を必要とせず物性のみに依存するのであれば、固有の意味をまとったブランドである必要性は低い。品質保証として機能するだけである。

人間は人間に興味がある。ひょっとすると、根本的には人間にしか興味がないのかもしれない。そしてその感情の動き方にもことさら大きな関心を持っているように思われる。これは社会的な動物であることの本能に起因するのかもしれない。

消費者とブランドの関係は1：1なのか

心理学に「パレイドリア」とか「シミュラクラ現象」といった概念がある。岩の中に顔を見いだすといった脳の解釈作用についての概念で、特にシミュラクラ現象は逆三角形の3つの点を見て顔を連想する現象を指す。(^o^) こういうことだ。顔文字もシミュラクラ現象の利用である。顔は最も直接的に感情を表現する部位であるから、人間にとって他者の感情変化を理解し、関係を意識することの重要さを示唆していると思われる。

「消費者は他者との関係のなかで物やサービスを消費する」ということは、言及されれば極めて当然のことと理解できるが、普段から意識することは少ない。逆に言えば、この点を意識することで競合マーケターに対してアドバンテージを持てるかもしれない。消費者理解をするための重要な視点を持てるし、魅力的で競争力のあるベネフィットを開発できる可能性が高まる。

多くのマーケターは消費者とブランドを閉鎖した1:1の関係で理解しようとする。ユーザー対ブランド、ノンユーザー対ブランド、競合ユーザー対ブランド、といった具合だ。これらの関係がたくさん集まり、集合としての消費者と向き合っていても、それらの関係はあくまで1:1をたくさん束ねているにすぎない。

もちろん、この方針でうまくいくこともある。それぞれの消費者を徹底的かつ包括的に理解する能力があれば、個々の消費者が帰属する社会や他者との関係性が透けて見えてくるはずだからである。ただ、そのレベルまで消費者理解を熟達できているマーケターは多くない。熟達には時間がかかるものなのだ。幸い、我々は1つのヒントを手に入れた。「消費者は他者との関係性のなかで物やサービスを消費する」というシンプルな概念を知っておくことで、消費者理解のレベルを簡単に引き上げられる。

「その消費者は、どの他者やどのコミュニティーとどのような関係を築く際にどういった不便や課題を感じていて、ブランドはいかにその関係や関係の度合いを改善できるのか」を意識すればいい。消費者対ブランドの1:1の関係だけでは見えにくかった発見が得られるだろう。

オムツのベネフィットが人と人との関係に及ぼす影響

概念の理解をよりよく体得するために、いくつか例示を試みる。機能とベネフィットの違いに加え、そのベネフィットがどのような関係で発揮されるのか、示してみた。理解をもとに、自身のビジネスにおける「人と人との間」への影響を考えてみることをお勧めする。成功した有名事例などを当てはめてみるのも練習として有効だ。この視点は習熟することで自身の強力な資源になる。同時に、競合マーケターに一方的に活用されると競争上の不利は決定的だ。人は人とのつながりのなかに存在し、人とよりよくつながれることを訴求するブランドが、そうでないブランドよりも消費者に必要とされることは自明であるだろう。

自身が大きく心を揺さぶられ、感動した映画、文学、広告、動画などの作品を思い出してみよう。それは悪化した人間関係が改善する話か、お互いの関係を維持するために双方が思いやり努力している話か、あるいは複数の登場人物の関係の

◉ベネフィットが人と人との関係改善につながる例

製品カテゴリー	製品機能	ベネフィット	関係の改善
オムツ	蒸れない、漏れない、動きやすい	赤ちゃんが機嫌良く、愛想良くいられる	家族や周囲の人たちに愛情豊かに接してもらえる
歯磨き粉	歯を白くし、口臭を防ぐ	口臭を気にせず近い距離で話しかけられ、笑顔もより輝かしい	日常的に接する家族、知人、友人と親密になれる
関節痛のサプリメント	膝の痛みをとる、和らげる	膝の痛みを気にせず、活動的でいられる	人に会ったり、人混みへも出かけたりできる
教育機関	教養や仕事で必要な知識・技能が身に付く	将来あるいは現在の環境で能力を発揮しやすくなる	社会で活躍でき、人に敬意を払ってもらえる

複雑な変化を描いた話か、どれかではなかろうか。感情を喚起するコミュニケーションの方法の一つは、関係のなかで人間を描くことである。人間は人間との関係に興味があり、人間関係の変化を見ると感動する。

もし自ブランドのベネフィットを人と人との間に置いて、関係の維持や改善に寄与できるのであれば、コミュニケーションにおいても感情を喚起しやすい。感情的な共感を得られるブランドになる可能性を高くできるだろう。

複数ある自我、購買時に意識するのは？

すると次なる質問は、多種多様な関係のなかにいる消費者にとって、最も重要な関係はどれか、というものだ。ヒントは、消費者が当該ブランドを購入して消費する際に、どのような自我を意識しているか、という点にある。彼女は母の子であり、子の母であり、夫の妻であり、姉か妹であり、家族の主婦であり、友人の友人である。1人の女性であると同時に1人の人間で、誰かの上司で誰かの部下で、いくつかのコミュニティーにも帰属し、過去の自分と未来の自分との間に自我がある。

そのブランドを買ったのは、複数の自我の中で、どの自我であるのか。自我によって、同じ商品棚の前でも選ぶものは違うかもしれない。そして、自我を理解できれば彼女が重視する関係が見えてくる。母として選んだのであれば、彼女は子供との関係を強く意識していると推測できる。

概観したように、ベネフィットは機能に立脚し、人と人との間で人間関係に寄与すると魅力的になる。だから、ベネフィットが十分に機能を発揮するためには、そのベネフィットが影響する関係や社会の理解を進めるのがいい。加えて、「購入の言い訳」を提供しておくとブランドはさらに強力になる。自分のお金を自分のために使うときにでも、人はそれなりに言い訳を必要とする。ここでも他者との関係が影響することがある。実際には訴求しなくとも、心の中で誰に対しての言い訳になりそうか、ベネフィットを定義付ける際には一考に値する。

24

デジタル化とＡＩをどのように活用すべきか

デジタル技術の発展が個々人の影響力を強化しているのは、ＳＮＳが個人の発信力を強化したことなどからも理解できる。言うまでもなく、これはデジタル技術に限ったことではない。蒸気機関や内燃機関、電動化技術は人間の筋肉を強化した。同様のことが頭脳労働にも起こる。

今までのマーケティングのデジタル化が、効率化ではなく、むしろ作業量の増加を生んできたことに幻滅するマーケティングリーダーは少なくない。ＡＩ（人工知能）が活用されることで、もともと想像し期待していた本当の「マーケティング活動のデジタル化」が始まった。大戦期の戦車を運用するには5人の乗組員が必要だったのに、技術の進歩が3人乗りに変えていった。同じように、ブランド当たりに必要な人員の数は減っていくだろう。

従来以上にマーケターの優劣が結果に影響

これは人件費が安くなる、という直接的な効果だけを期待するものではない。1人当たりの運用能力を上げられ、それぞれのマーケターの優劣が、今まで以上に顕著にビジネス結果につながることを意味する。技術はマーケターの能力に係数として作用する。そしてマーケター自身も、マーケティング予算や時間などブランドが投下する資源に係数として機能する。

優秀なマーケターが使う10億円のマーケティング予算と、そうでもないマーケターが使う同額の10億円のマーケティング予算では、その威力に大きな差が出る。この差を、技術革新はさらに広げることになる。経験の不足を技術が補ってくれて有利な競争環境を提供してくれることもあるだろう。ただし、それは競合相手が技術の恩恵にあずかれない場合に限られる。

テクノロジーは計測能力の強化、大規模なデータの運用とそれらを統合管理するAIの進化によって、効果予測の確度を向上させ、各種マーケティングプログラムの精度を自動補正していく。現場での施策設計やプラン運用の分野では、勘と経験に基づいた活動は廃れていくと思われる。

個々のマーケター間で大きく差がつくのは、何を正しい目的とし、どのような資源をどう組み合わせるのか、といったマーケティング戦略立案の能力である。この傾向はデジタル技術で拡大していく。再現性と経験値の収集にたけ、人材育成を正しく実現できる企業に成長機会が開かれるだろう。

いい戦闘機乗りの定義は時代とともに変化している

いい戦闘機乗りをどのように定義するか。この問いに対して、冷戦期の戦闘機パイロットと、現代の戦闘機パイロットそれぞれがどのように考えているか、その違いを知る機会があった。各兵科が密接に連携していなかった時代では、個々のパイロットの飛行技術や戦技が最も重要な要素と認識されていたようだ。対して、各兵科間の連携が前提となっている現代の環境下では、そのネットワークをうまく使う技術が最重要であると認識されているらしい。

この差は、マーケティング手法を違えるマーケター間にも適用できる差だと思われる。消費者行動を理解するためのデータと、メッセージの配信のデータがうまく連携したり、クローズドループのように同一のデータベースを利用したりで

◉ビジネス成果は予算だけでは決まらない

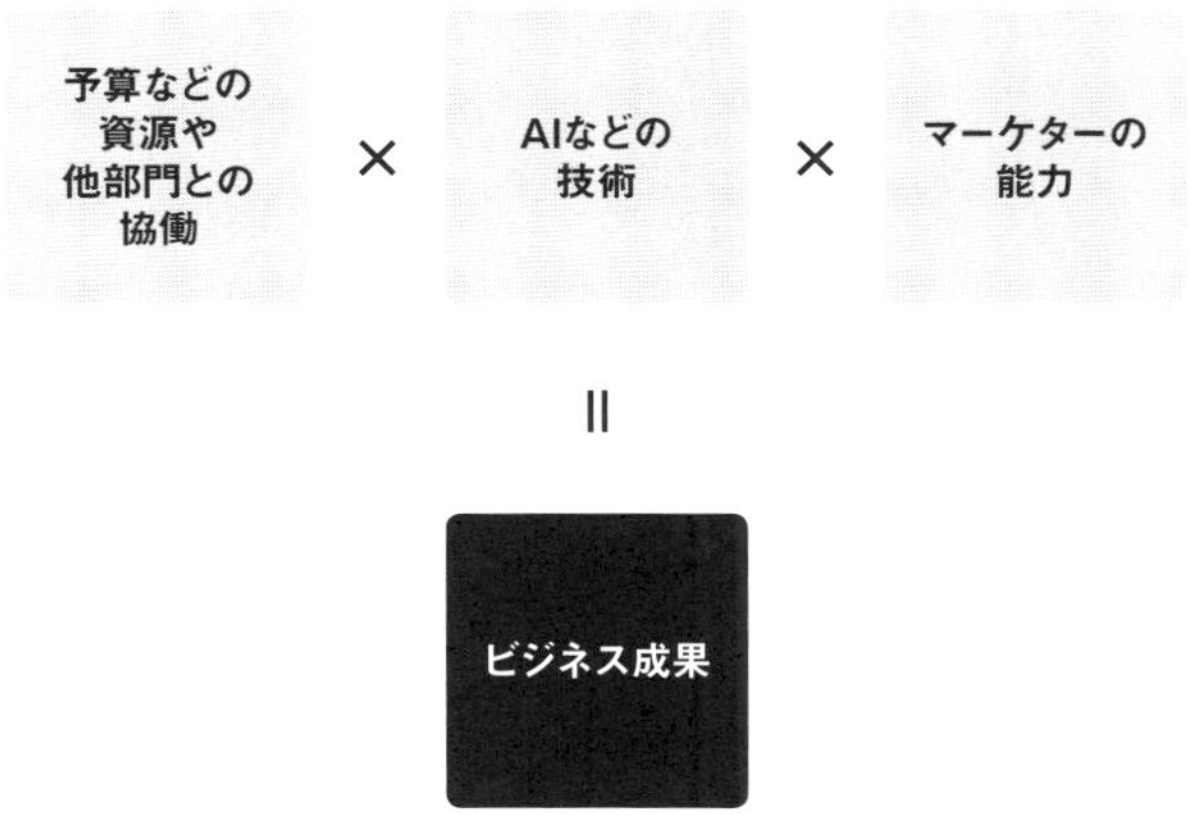

**AI時代のマーケターに求められる能力とは、何が正しい目的か、
資源をどう組み合わせるか、といった戦略立案**

きれば、マーケティング活動の精度を改善できるのは自明だ。

時代と環境によっていい戦闘機パイロットの要件が変わるように、複数のマーケティング活動を統合する必要がある環境下で活動間の「連携」を意識するマーケターと、一発のテレビ広告に懸けるマーケターでは必要とされる技術は自ずと異なる。一部の天才的なマーケターを除けば、前者のほうが投下資源が相対的に大きくなる分だけ、成功率は高くなるだろう。

効率的な連携のためには、何がしかハブなり参照点なりが必要となるが、消費者を中心に考えることが推奨される。社内外に最も正統性を主張しやすく、大義にも通じやすい。最終的に自社の売り上げや利益をもたらしてくれるのは消費者である。消費者の満足のためにブランドがあり、ブランドのベネフィットを具現化するために製品が存在するのだ。企業によっては製品にハブを担わせることもあれば、自社ブランドや創業者本人のカリスマ性が中核となることもあるだろう。それぞれに利点もあるが、欠点もありそうだ。

ビジネス課題は症状だけでなく、戦略に照らして把握する

長年付き合ってきた自分の体の健康課題でさえ、自分で正しく認識するのはとても難しいように、自ら課題を認識するのは意外と難しい。体については人間ドックなどで定期的に検査・点検をする。体のくたびれ具合（つまり年齢）によって各種指標の基準値が示されているので、ある意味、健康課題はベンチマークで把握しやすい。症状が出てくる前に、ちゃんと検査していれば予防できることも増えてきた。

人間に対するのと違い、企業はすべての企業を同種族と捉えることに問題がある。生物に多様な類が存在し、同じ哺乳類にもいろいろな種があるように、企業の種類は極めて広範囲に分散する。同業種だから同種、と捉えるべきではないかもしれない。企業の〝健康状態〟を示す指標に単一の基準値を設けるのは、少々乱暴であると言わざるを得ない。

課題の解決方法やプランの実行手段が急速に自動化され、整ってきている。どのように課題を発見し、解決のグランドデザインを描くのか、というのは大きなテーマとなる。データ関連のテクノロジーが進化したことで、「どの指標に問題が

あるか」というのは比較的理解しやすくなった。

血圧が高い、血糖値が高い、脈拍が不安定だ、といった不調を計測するように、使用者の脱落が早い、1人当たりの消費金額が少ない、ユーザーの口コミが少ない、などの問題を正確に指摘できるようになってきた。異常値に対する対症療法はリアルタイムで提供可能になりつつある。

ただし、「なぜそうなのか」そして「どうすれば数値が恒常的に改善するのか」という根本治療についての仮説立案は、マーケターに課せられた重要な任務である。技術革新で治療方法や薬効が進歩したとしても、症状の背後にある病原が特定できなければ、対症療法以外の治療計画は立てにくい。

医学との最大の違いは、人間の場合は患者が「人類」であることが明確であるのに対して、企業の場合はその種が特定できないだけでなく、途中で変化していくことだ。5年前の処方を今年も使えるとは限らないし、正面の競合企業でうまくいった処方が自社にも使えるとは限らない。進化したソリューションを効果的に使うためには、リアルタイムの課題を自らの戦略に照らすことで把握し、改善・強化策のグランドデザインを自分で描ける必要がある。

デジタル化するために

マーケティングのデジタル化は「消費者はテレビを見ないからスマホで広告しよう」などと現象に対して表層的に反応したり、「CPA（顧客獲得単価）やCPC（クリック単価）などのCPX的な指標の追求に集中」したりといった過程を経て、施策に対する消費者の各種反応の計測と計画の軌道修正の自動化がこれからの主要テーマになると思われる。

人間が手動で複数の変数の調整をするといった必要はなくなるが、目的設定はどのAIでもまだできない。マーケターは人間がなすべき仕事を、よりよくできるようになる必要がある。また、組織や上司は、そうしたマーケターの育成をしていかなくてはならない。多くのマーケターが、より人間らしい貢献を期待される時代が到来しつつあると信じる。

おわりに
「変わるものと、変わらないもの」

世の中に変化はつきものなので、果たして本当に現代が「変化の時代」なのか疑問を持つことはある。それでも、1980年代から2000年代のマーケティングは概念や手法は大きく変化せずそれなりに安定していた。00年代から10年代中盤まではインターネット後、あるいはスマートフォン後といった個々の手段ではなく、背後にある概念に執着するなら「消費者がデジタル化して個々人の発信力が強くなる」などの傾向は、それなりに安定していた。

もちろん技術は日進月歩であるけれど、それはいつの時代でも同じことだ。翌年は、確実に前年より何がしかの技術進歩を観察できるのが人類の歴史でもあるし、新しい概念が古い体系から生まれ続けてきているのも自然なことだ。これからは大量のデータがその威力を大きくしていきそうだし、その結果、一見関連のなさそうな要素間の相関が見いだされたり、AIや今後生まれるAI的なものが大きな影響を与えたりすると想像される。

何千年前から変わらないこと

こうした変化が現代に特徴的なのか、以前から変化は起き続けているのかという議論はさておき、いずれにしても我々は変化のなかにいる。現代は10年前とは違う世界であるし、今までとは違う仕事観、職業観、組織観、そして人生の価値観のなかで生きていくことになる。成功してきた40代が過ごした20代と、これから成功する今の20代は、きっと違う20代の過ごし方をするのではなかろうか。本質には変化はないかもしれないが、見た目の行動は随分と違うのだろうと思われる。

この原稿は、10年前と比べればかなり進化した快適なキーボードを使って書いている。とはいえキーボードで文字を打つという行為は1980年代と変わらない。ただ、クラウド化したサービスのおかげで校正は出先でスマホでできている。手段は便利になっているが、文章を書くために必要な、本質的な能力は以前と全く同じだ。多分、何千年も変化していない。

ローマ帝国の都市として栄えたポンペイの遺跡には、「近ごろの若い者は」で始まる嘆きが書かれているという話がある。紀元前のエジプトの遺跡でも見つかったという話もある。何千年も前から人間の本質は（ほとんど）変化していない。その人間が作り上げた組織であれば、組織の様相やダイナミズムは大きくは変わらないかもしれない。同時に、歴史を振り返ればさまざまな雇用、労働形態があったように、働き方やプロフェッショナリズムの変化はこれからも起きるものと思われる。

歴史的に2番目に古い職業

多くのマーケターを間近に見てきた敏腕秘書の方が、その昔、こんなことを言っていた。「あなたたちブランドマーケターは世界で2番目に古い職業、セイント（聖人）の末裔《まつえい》だろう」。見たことのない（概念としての）神に仕えその恩寵《おんちょう》を説くように、概念（意味）としてのブランドに仕えその恩恵を説いている。

世界で2番目に古い職業が実際のところ何であるかは諸説あるところだし、実在を確認しにくい神の恩寵に対して具体的なモノ性の強いブランドのベネフィットでは大きな隔たりはある。それでも、活動に着目すればこの指摘は、ある側面で的を射ているかもしれない。「世のためになる何かいいこと」が広く親しまれることの正しさを信じ、受け入れてもらえるよう世に働きかけていくという点はその一つだ。職業に付けられた名前や大義の大きさこそ随分と違うが、本質的な行為そのものは大きく変化していない。

情報伝達手段の発明（例えばグーテンベルクの活版印刷）が活動を大きく変化させた、などという歴史は、インターネットやスマートフォンの発明が活動を大きく変化させたことに似ているように思える。セイントが「いい人生」や「いい生き方」などを説くときに、マーケターは「いい洗剤」、「いいクルマ」あるいは「いいWebサービス」の定義を改め、広める。

スケールの大小はあれ、いずれも世の中が良くなることを期待してのことだ。ちなみに、持続的に売り上げが立ち、利益が出るのは世の役に立った結果であって、それに先んじるものではない。マーケターは、職業の名前としては比較的新しいものかもしれないが、始祖をたどれば随分と昔からある職業なのかもしれない。ブランドのマーケティング活動によって世の中が何がしか良い方向に向かうことを信じ、世の役に立つことはマーケターの矜持《きょうじ》となり得る。説教臭い話ではあるけれど、手練れのマーケターは世の中に大きな影響力を持ち得るのだから、扱うものが何であれ、志は高く持ってもいい。

人間を見よう！

これまでもこれからも、マーケティングプロフェッショナルにとってとても重要なのは、人間に対する飽くなき興味と洞察である。その手段が対面のインタビューやマーケターによる直接観察から、行動を数値に置き換えたデータの機械による観察に変化したとしても、本質は人間の行動や認識、知覚の理解だ。ビッグデータもＡＩによる処理も、よりよく人間を理解するための手段である。

人間理解が、実は最終的な目的であるというのは、マーケティングに限ったことではないかもしれない。あらゆる学問分野が、それぞれの専門領域の熟達と洗練を通して人間理解を進め、人間理解を活用する。文学の研究者は文学の研究を通して、経済学の研究者は経済現象の研究を通して、医学の研究者は医療の研究を通して、人間理解を進める。そして、人間理解を通して専門領域の進歩を促す。マーケティングも同じだ。

マーケティングの諸活動、市場の創造、ブランドの構築、商品の売買などを通じて、人間理解を進めるから面白く感じられるのだ。ブランドを購入したり使用したりする人々を「消費者」と呼ぶことを問題視する向きもあるが、問題は呼び名ではない。別の呼称に改めることが重要なのではなく、「全員が人間なのだ」というシンプルな本質を忘れずにいることが極めて重要だ。それぞれの社会に帰属し、人の間に生きる人間を包括的に理解できれば、マーケティングはもっと世の役に立てるだろう。

あとがき

『グラディエーター』という映画に、寄せ集めの剣闘士の一団がチャリオット（馬に引かせた戦闘用馬車）の戦士とコロッセオで戦うシーンがある。ラッセル・クロウが演じる主人公マキシマスは、闘技場の真ん中で、そのチャリオットが出てくる門に向かってこう言う。

Whatever comes out of these gates, we've got a better chance of survival if we work together. Do you understand? If we stay together, we survive.

直訳すれば、次のようになるだろう。

「この門から何が出てこようが、一緒に戦えば生き延びる道がある。分かるか。我々は力を合わせ、生き残るぞ」

彼は過去に大きな軍隊の指揮官だったから、切迫した状況でも端的な言葉で集団に方向を示した。リーダーのあるべき姿も体現していて感動的だが、このセリフの直前に重要な一言が入っている。

Anyone here been in the army?

「誰か軍にいたものはいるか」

マキシマスのこの質問に対して、剣闘士の一人がウィンドボナの戦場で彼の麾《き》下《か》にいたと告げる。チャリオットとの戦闘が開始されると、彼はマキシマスを助け、副官として活躍する。共通言語の強さを見た瞬間でもあった。

マーケティングは多くのメンバーを巻き込んでなされる。一人でする作業でない以上、協働は不可欠だ。リーダーであれメンバーであれ、効果的に協働しなければ勝利はおぼつかない。We stay together, we survive. である。そして、協働するには共通言語がいる。旧約聖書のバベルの塔の話をご存じだろうか。昔、人々は同じ言葉を話し、天まで届く塔を作ろうとした。それを嫌った神は、互いに相手の言葉が理解できないようにした。塔は完成しなかった。言葉を乱すだけで、組織は乱れ、事業は未完に終わる。

同じ企業内ですら、マーケティングの共通言語というのは確立しにくいものだ。曖昧な単語を明確に定義付け、整合性をもって体系化し、強力なリーダーシップによる浸透がなくては機能しない。簡単なことではないが、ひとたび共通言語が確立され共有されれば、ブランドと企業の持続的な成長の礎となることは間違いない。いくつものブランドがこれを立証している。We stay together, we survive.は情熱や想いだけでは実現できない。共通言語を基礎とした構造が必要だ。

本書では、マーケティングやブランディングについて、マーケティングプロフェッショナルの視点の共有を試みたが、すでに複数のマーケティング組織で共通言語となったものも含んでいる。読者諸兄姉は、いつかどこかの市場で、同じ「言葉」を話すマーケティングプロフェッショナルや、マーケティングリーダー、各分野の専門家などと邂逅《かいこう》することがあるかもしれない。皆さんの協働において、共通言語として通用することがあれば著者としては無上の喜びである。

【謝辞】

本書に示された諸概念が、実践と実績の積み重ねを通して確信に至るまでには、多くの組織やブランドでの実行と実験と検証を必要としました。ご一緒した多くのプロフェッショナル、リーダー、マーケターに感謝します。

特に、パーセプションフロー・モデルのバージョンアップ、さまざまなマーケティング概念の発見、フレームワークの確立で協働し、信頼できる壁打ち相手となってくれているＦＩＣＣの代表取締役の荻野英希さん、チームの皆さん、またこれらの諸概念をご利用いただいているいくつもの組織やクライアントの皆さんにも、とても感謝します。

また、本書は日経クロストレンドの連載をベースに構成されていますが、この連載は編集部の杉本昭彦さんなくしては書きあげられるものではありませんでした。素晴らしいパートナーと仕事ができて幸いでした。

最後に、週末や休暇中に執筆することが多いにもかかわらず、いつもサポートしてくれる妻と３匹の猫たちにも大きな感謝を表して、筆を置きたいと思います。

日経クロストレンド

新市場を創る人のデジタル戦略メディア。企業の新規事業開発、マーケティング関連業務を手掛ける方へ向けて、マーケティング・消費、技術・データ、イノベーション、中国・米国分野の実務に役立つ情報を日々届ける。
https://trend.nikkeibp.co.jp/

明日から仕事がうまくいく24のヒント

マーケティングプロフェッショナルの視点

2019年4月8日　第1版第1刷発行

著　者　音部大輔
発行者　杉本昭彦
発　行　日経BP社
発　売　日経BPマーケティング
〒105-8308　東京都港区虎ノ門4-3-12
装　幀　小口翔平（tobufune）
制　作　日経BPコンサルティング
印刷・製本　図書印刷株式会社

本書の一部は、「日経クロストレンド」掲載の内容を再編集、再構成したものです。

本書に関するお問い合わせ、ご連絡は下記にて承ります。
https://nkbp.jp/booksQA

Printed in Japan
ISBN 978-4-296-10258-7